# LISA FELLER

mit Till Hoheneder

## MIR GEHT'S GUT, nur meine Brüste lassen sich hängen

Rowohlt Taschenbuch Verlag

Originalausgabe
Veröffentlicht im Rowohlt Taschenbuch Verlag,
Reinbek bei Hamburg, März 2019
Copyright © 2019 by Rowohlt Verlag GmbH,
Reinbek bei Hamburg
Redaktion Ana González y Fandiño
Umschlaggestaltung zero-media.net, München
Umschlagabbildung Stephan Pick
Illustration Lilli L'Arronge
Satz aus der Arno Pro
bei Dörlemann Satz, Lemförde
Druck und Bindung
CPI books GmbH, Leck, Germany
ISBN 978 3 499 60649 6

# INHALT

Vorwort oder wie es heutzutage heißt:
Ein Gruß aus der Küche 7

Schönheits-OPs oder: Außen Toppits, innen
Geschmack! 13  Spaßbad 23  Thermomix 31
Der Freund meiner Tochter 38  Sex in the City, Sex
after the City 45  Hauptsache ungefragt 52  Welt-
frauentag 58  Arschbombe 65  Guter Sex ist teuer 72
Der Prinz im Supermarkt 82  Kinder, Kinder 90
Männliche Selbstüberschätzung und Frauenquote 98
Mottoparty Reeperbahn – oder: Der Catsuit ouvert 106
Die neue Freundin 116  Mami ist die Beste 126
Früher war alles …! 133  Warum eigentlich so ein
Kerl – und wenn ja, welcher? 139  Hilfe, ich werde
verkuppelt 151  Ich bin ein Eichhörnchen 166
Lightning McQueen 175  #MeToo 186  Deutschlands
bester Werfer 193  Aufklärung der Rüsselsheimer 204
Spanisches Fleisch 213

Ein paar abschließende Worte 219

Danksagungen 222

# Vorwort
## oder wie es heutzutage heißt:
## Ein Gruß aus der Küche

Ich werde älter. Das ist gut, solange es keine vernünftige Alternative zum Leben gibt und ich das Sterben weiterhin ablehne. Klar, ich bin keine 25 mehr, aber das ist doch auch nur eine Zahl. Natürlich brauchen meine Haare ein wenig mehr Pflege und etwas Farbe, und meine Beine müssten ab und zu mal gebügelt werden – das war's dann aber auch schon. Es gibt Spiegel, in denen ich von der Seite, so im Halbprofil, gar nicht mal so unattraktiv aussehe. Das ist natürlich nur meine eigene Einschätzung, getreu der Devise von Lothar Matthäus: «Ich bin sehr selbstkritisch, auch mir selbst gegenüber!» Trotzdem mag ich viele Dinge an mir. Insgesamt würde ich sagen – mir geht's gut, nur meine Brüste lassen sich hängen.

Klar, was die meisten jetzt denken: «Warum macht die Lisa Feller sich das Leben denn nur so schwer? Müssen Frauen immer so kompliziert sein? Können die nicht einfach in den Spiegel gucken und sagen: ‹Unglaublich, wie gut ich aussehe›?» Nein. Dabei habe ich zwei Kinder! Die sind toll! Und die gehen natürlich nicht spurlos an so einem Körper vorbei und durch ihn hindurch. Klar, wenn du Heidi Klum bist und ein ganzer Hofstaat auf deine Kinder aufpasst, während der Personal Trainer dich wieder in Shape peitscht, dann kannst du danach natürlich einen konkaven Bauch haben. Aber als normale Mutter mit einem normalen Tag und ohne Hollywood im Rücken ist das echt zu viel verlangt. Ich glaube übrigens, dass «wir Frauen» so kompliziert gar nicht sind. Im Vergleich zu Männern wirken wir Frauen nur kompliziert.

Was wiederum daran liegt – wenn wir uns an dieser Stelle schon mal mit Klischees und Stereotypen beschäftigen –, dass Männer oft doch sehr eindimensional sind. Und zwar so einfach, dass bei Frauen schon eine zweite Beilage als kompliziert gebrandmarkt wird. Besser gesagt: Wenn einer 20 Bier säuft und dir nach dem zweiten Cocktail vorwirft, du wärst kompliziert – dann macht er es sich ein bisschen zu einfach. Nichts gegen Bier, aber nur Bier? Wie öde. So ein Sex on the Beach wiederum – Wodka, O-Saft, Cranberrynektar, ein Schuss Pfirsichlikör … das hört sich nach Lust, Sommer und Leidenschaft an! Sorry, Bier hört sich nur nach Rülpsen und Pullern an. Es tut mir ja selbst leid, aber die Erfahrung hat gezeigt, dass Männer, die nur Bier trinken, eben nur Bier trinken. Es ist doch klar, dass die kein Auge und kein Verständnis dafür haben, dass ein Schuhschrank auch aus 50 Paar verschiedenen Schuhen besteht.

Ganz ehrlich – wer nur Schnitzel isst, macht es sich unnötig leicht. Und was er alles verpasst! Was gibt es da für reizvolle Alternativen! Mit oder ohne Panade, Kalbfleisch, Schweinefleisch, Tofu oder doch lieber ein Gemüseschnitzel? Dennoch wollen die meisten Männer einfach nur ein Schnitzel und lachen, wenn wir uns einen Salat bestellen. Aber so ein Salat, der ist gelebte Vielfalt: Da ist Rucola drin, Tomate, Feldsalat, Karotten, Käse, Schinken, Artischockenherzen, Chicorée, Thunfisch, Eier, Croûtons – herrlich, oder? Wie das schon klingt – Artischockenherzen! Mozzarella, Parmigiano Reggiano! Melanzane! Das ist Kultur, Multikulti, Artenvielfalt, Weltoffenheit. Für die meisten deutschen Männer ist das Exotische allerdings mit Currywurst sattsam abgedeckt. Weil Curry, das ist doch indisch! Ein gutes Bärlauchöl aus der Provence wird mit sieben verschiedenen Kräutern verfeinert. Ein Schnitzel hingegen besteht nicht aus sieben verschiedenen Fleischsorten. Zugegeben, der Vergleich hinkt vielleicht ein wenig, und nachts um 3 angetütert nach einer Party schmeckt nix besser als wie ein schönes Schnitzel – aber ihr wisst schon, was ich meine, oder?

Ich möchte jedenfalls einen Mann mit guten Manieren, der zärtlich, romantisch, hilfsbereit, kinderlieb, kinderlos, stark, egoistisch, sexy, schüchtern, einfach und gebildet ist. Natürlich darf er arm sein, solange er genug Geld hat. Und mich liebt und auf Händen trägt. Ich habe als Ü-40-Single wenig Lust auf Experimente mit unklarem Ausgang.

Neulich war ich krank, ein starker grippaler Infekt hatte es mir in Ermangelung eines Partners mal so richtig besorgt. Da lag ich also zu Hause auf dem Sofa mit dem Wärmekissen und habe mich schwer gelangweilt in meinen Wachphasen. Aber Britta, meine liebste und beste Freundin, war sofort fürsorglich zur Stelle und hatte mir sogar ein Buch mitgebracht. Ich war platt und stichelte:

«Britta, du hast Bücher? Ich wusste gar nicht, dass du außer dem *Kamasutra* jemals was von einem Buch erzählt hast?»

Britta war ganz gespielte Empörung und tat pikiert.

«Natürlich hab ich ein Buch zu Hause. Ich hab's nur noch nicht fertig ausgemalt.» Ich liebe sie für ihren Humor! «Aber das hier», sie wedelte mit ihrem Geschenk vor meiner verrotzten Nase herum, «das Buch ist der Hammer!»

Jetzt war ich doch neugierig.

«Was hast du denn da?»

«*Das Seelenleben der Tiere.*»

«Was? Hast du das etwa gelesen? Ganz?»

Britta schaute mich entgeistert an.

«Ja, den ganzen Klappentext da unter dem Foto. Total spannend, der Typ ist Förster. Das wär vielleicht auch mal was für mich. So einen hatte ich noch nie.»

Ich widersprach nicht.

«Ja, stimmt, du hast dich ja bisher eher rührend um die Frischlinge gekümmert!» Meine kleine Anspielung auf Brittas Hang zu Männern zwischen 20 und 25 verfehlte ihre Wirkung nicht.

«Jaja, Lisa, ist ja gut. Ich würde es an deiner Stelle lesen. Wusstest du zum Beispiel, dass Eichhörnchenweibchen für ihre Männer die Nüsse knacken? Das kann doch für 'ne Beziehung nicht schaden, wenn man so was weiß.»

Ich war nicht so richtig überzeugt.

«Nüsse teilen wäre mir ehrlich gesagt mindestens genauso wichtig!»

Aber Britta ignorierte meinen Einwand und drückte mir das Buch in die Hand mit den Worten:

«Lies das mal, und sag mir dann, wie es war!»

«Das Lesen oder das Nüsseknacken?»

Sie lachte laut auf.

«Wenn es gut läuft, beides, Schätzchen!»

Ich also wieder rauf aufs Sofa. Den Klappentext hab ich grad noch geschafft, bevor die Kinder angefangen haben, mich vor Langeweile mit Lego zu bewerfen. Und noch ein Kapitel vor dem Schlafengehen, dann konnte ich nicht mehr. Mal ganz im Ernst – das ist bestimmt ein gutes Buch. Und natürlich sind Hirschkühe empathisch und können in einer Beziehung trauern. Aber das wusste ich auch schon vorher, ich bin ja schließlich auch schon mal geschieden. Was ich nicht so richtig begreife – warum interessieren wir uns eigentlich so sehr für das Seelenleben der Tiere, wenn bei uns Menschen geradezu nebenbei fast jede zweite Ehe geschieden wird? Vielleicht sollten wir uns mal eher fragen, ob das Wildschwein zu Hause doch mehr Fürsorge braucht, als wir bisher dachten, meine Damen. Wir machen uns heute so viele Gedanken über alles Mögliche. Wir wollen immer alles richtig machen, am besten zu 100 %. Die richtige Ernährung, die perfekte Erziehung – wir kümmern uns um so viel, nur nicht um uns selbst.

Empathie gegenüber Tieren ist toll. Solange das Mitgefühl für den Mitmenschen nicht auf der Strecke bleibt.

Als Single bin ich ja nicht verzweifelt auf der Suche nach einem Mann. Ich bin auf der Suche nach jemandem, der zu mir passt. Und ich möchte jemanden haben mit Leidenschaft, Mitgefühl, Verständnis und viel Liebe. Für mich und für die Menschen, die mit mir leben. Der akzeptiert, wenn ich mal wieder nackt vor dem Spiegel stehe und heiter bis melancholisch feststelle: Mir geht's gut, nur meine Brüste lassen sich hängen.

# Schönheits-OPs oder:
## Außen Toppits, innen Geschmack!

Neulich habe ich durch Zufall einen Schönheitschirurgen kennengelernt. Der war richtig nett. Natürlich habe ich nicht die Gelegenheit versäumt, mal kritisch mit ihm über seinen Beruf zu sprechen. Wie kritisch ich zum Beispiel den Verlauf meiner Nase sehe. Und warum meine Brüste trotz Sport, Yoga und der jahrzehntelangen Forschungsergebnisse der Firma Triumph unerklärlicherweise der scheinbar immer stärker werdenden Erdanziehungskraft zum Opfer fallen. Der gute Mann hat mich daraufhin selbstverständlich in erschöpfender Weise darüber informiert, welch minimale Spuren seine Künstlerhände und die heutige Technik hinterlassen. Selbst großflächige Tattoos könne man inzwischen problemlos entfernen. Da musste ich gleich an meine Freundin Vera denken. Vera hat sich mit 18 einen Adler tätowieren lassen. Und war damit der unangefochtene Star der Abiklasse. Body und Brain – the perfect match. Inzwischen sieht der Adler aus wie eine in der Mikrowelle geplatzte Taube. Was soll ich sagen, der Piepmatz lässt gehörig die Flügel hängen. Noch 30 Jahre weiter und der Pfleger im Altenheim denkt: «Oha, da hab ich heute Morgen aber was nicht richtig weggemacht.»

Was die Problematik Tattoo angeht, ist Vera aber ja nun mal beileibe kein Einzelfall. Aus schicken Tribals werden Wanderkarten, aus kunstvollen Kindergesichtern auf Oberarmen Mischporträts von Mickey Rourke und Reiner Calmund. Das Symbol von Rockstar Prince weitet sich mit 20 Kilo mehr auf dem Buckel zu einem stattlichen Rückenkompass aus. Von Rechtschreibfehlern – Elvis mit «w» hab ich erst neulich noch im Hallenbad bewundern dürfen – bis hin zu Claudia Effenbergs Grammatikpatzer «Real love never die» gab es bisher wenig Hoffnung auf Korrektur. Woher sollte Frau Effenberg, die atmende PISA-Studie, auch wissen, dass ihr Tätowierer keinen Deut schlauer ist als sie? Über die Fontanelle ist wahrscheinlich schon so viel Blondiermittel eingesickert – da kann selbst Gunther von Hagens nur noch feststellen, dass Claudias Hirn schon vor ihrem Ableben fertig plastiniert ist.

Vermutlich hat Frau Effenberg wie tausend andere auch erst mal zum Tintenkiller gegriffen und versucht noch was zu retten. Wobei ich bis heute nicht verstehe, warum sie nicht einfach ein s drangekritzelt hat. Problematischer wird es allerdings, wenn du was *weg* haben möchtest. Johnny Depp hat bei sich ja ein Umstechen vornehmen und aus seinem tätowierten «Winona forever» ganz pfiffig ein «Vino forever» machen lassen. Gute Idee, prost! Hier ein Tipp für alle, die mal mit einer «Maria» zusammen waren: Da könnte man problemlos «Mariacron» draus machen. Originell, oder? So wird aus der «Ex» eine Flasche Weinbrand! Und wenn man die dann vorher noch «ex» trinkt, dann spürt man die blöde Tattoonadel gar nicht mal so doll. Apropos besoffen, meine Freundin Natascha, früher nur unter dem Namen «die wilde Tascha» bekannt, hat sich im besoffenen Kopf echt mal die FSK-18-Linie tätowieren lassen. Wie erkläre ich das – die FSK-18-Linie … gemeint ist das, was der pubertäre Volksmund gerne die Fummelgrenze nennt. Oberhalb der Grenze befindet sich der Bauchnabel, also Aldi Nord, und unterhalb des Tattoogrenzzauns quasi Aldi Süd. Inzwischen ist Natascha aber 45 Jahre alt und nicht mehr so wild. Der Eingang zu Aldi Süd ist inzwischen verschüttet und sie lässt ordentlich … ich sag mal … Gras über die Sache wachsen. Als wir mit der Abi-Clique mal ein Wellness-Hotel-Wochenende gemacht haben, meinte ich in der Sauna zu ihr:

«Mensch, Tascha, was hältst du davon? Lass dir doch unter den Bauchnabel noch ‹Rettet die Biber› stechen! Das wär doch mal was!» Immerhin konnte sie wenigstens herzlich darüber lachen.

Jetzt bin ich zum Glück nicht falsch tätowiert und habe auch keine Krampfadern, die von weitem aussehen wie das Mississippi-Delta bei Google Earth. Bleibt noch das Thema «Schönheitsoperationen». Ich bin ehrlich – natürlich habe ich schon darüber nachgedacht. Hier mal ein bisschen glattziehen, da mal a bisserl was richten. Klingt verführerisch und wer nicht übertreibt, der sieht auch nicht aus wie eine Mischung aus Dönerteller Versace und Rot-Kreuz-Schlauchboot. Aber ich bin schlicht und einfach zu feige. Was, wenn doch was schiefgeht? Will ich rumlaufen und aussehen im Gesicht wie dieser Kugelfisch aus *Findet Nemo*? Klares Nein. Außerdem finde ich es unnötig. Um Brigitte Bardot zu zitieren: «Ich bin stolz auf die Falten. Sie sind das Leben in meinem Gesicht.»

Meine beste Freundin Britta «tapt» sich ja immer. Weil das die Hollywood-Stars auch machen. Ihre Erklärung ist zwar etwas rustikal, dafür aber verständlich:

«Herzchen, du nimmst Frischhaltefolie und so weißes Isolierband. Das Isolierband klebst du knapp über der Brustwarze fest und ziehst damit die Brust so hoch, bis es perfekt aussieht. Meistens reicht aber Isolierband allein nicht, für 95 F musst du schon Tesa extra Power nehmen. Und dann noch die Frischhaltefolie zur Straffung, die wickelst du um Oberschenkel, Bauch, Oberarme, Hintern. Dann wird es ein bisschen knackiger und glatter … !»

Ich unterbrach sie zweifelnd:

«Britta, das glaube kauf ich dir nicht ab!» Aber sie war nicht zu stoppen.

«Schätzchen, glaube mir – Kim Kardashian braucht für ihren

Hintern mehr Frischhaltefolie als Steffen Henssler für ein ganzes Spanferkel! Hat sie selber gesagt! Also so ähnlich.»

Das ist also die Methode der Stars. Das ist natürlich nichts für den normalen Alltag, is' klar. Das machst du selbstverständlich nur, wenn du in der Disco etwas Rückenfreies anziehen und vorsichtshalber deine zwei Hüpfburgen unter Kontrolle bringen willst. Damit der Zauberkreuz-Büstenhalter zu Hause bleiben kann. Wo ich gerade schon mal beim Thema bin – verstehe eigentlich nur ich das Wort «Büstenhalter» nicht? Eine Büste ist doch die Bezeichnung für eine Skulptur, die den Kopf und die Brustpartie eines Menschen zeigt. Die Nofretete im Ägyptischen Museum Berlin etwa, die ist ein gutes Beispiel für eine Büste. Eine Büste ist eine Büste, so weit, so gut, aber meine Brüste sind doch nur Brüste und keine Büste? Also müsste es doch eigentlich ganz korrekt Brüstehalter heißen, oder? Und nicht Büstenhalter. Oder habt ihr Büstenhalter, wo auch der Kopf mit in eins der Körbchen passt? Na also. Andere Namensvorschläge für Büstenhalter sind herzlich willkommen. Aber bitte nicht aus der männlichen Sportumkleidekabine wie «Brotkörbchen, Triumphbogen, Moppenknast, Melonenschaukel, Hebebühne, Tuningzwille».

Zurück zum «Tapen». Ok. Ich gebe es zu. Ich hab das natürlich dann doch ausprobiert. Und gleich mal vorneweg, es war entwürdigend. Keine Frage. Ich stand da also nackt vor dem Spiegel, mit einer Vorratspackung Frischhaltefolie in der Hand, und kam mir vor wie in der Fleischtheke im Supermarkt. Bloß, wohin in der SB-Theke sollte ich mich denn legen? War ich noch frisches Kalbfleisch oder schon gut abgehangenes Filet? Die ein oder andere Druckstelle hatte ich jedenfalls schon vorzuweisen. Aber dann legte ich los mit dem Tapen – und auf einmal sah ich so gut aus, mein lieber Scholli. Das war der Hammer! Während ich mich sorgfältig und akribisch immer weiter in meine durchsichtige

Edeka-Plastiktapete einwickelte, war ich hin und weg. Irgendwann stand ich dann in einem sehr engen Kleid vor dem Spiegel und war begeistert: Geil, Lisa – es hat geklappt, juhu! Nie wieder Sport!

Und das wirkte sich natürlich auch auf den Rest des Abends aus. Ich fühlte mich extrem gut, und meine liebe Mädelstruppe merkte es auch. Entsprechend waren ihre Kommentare: «Super, du stehst ja stramm wie 'ne Eins! Boah, hast duuuu aber abgenommen! Gibt es doch gar nicht, das macht so viel aus, der Sport?» Während ich gnädig und gütig lächelnd die Huldigungen abnickte, war ich vor allem froh, dass keiner gemerkt hat, dass ich mich so gut wie gar nicht bewegte. Falls ich das nämlich noch nicht erwähnt habe – das geht nicht so gut, wenn man getapt ist. Stattdessen stolziert man die ganze Zeit wie dieser schwule Goldroboter aus Star Wars herum, als ob der ganze Körper nur aus drei Gelenken besteht. Das war natürlich suboptimal, mit Tanzen war schon mal Essig. Nix *Saturday Night Fever*, nix *Blurred Lines*, noch nicht mal der Ententanz war drin. Aber trinken konnte ich gut. Einmal leicht nach hinten an die Theke gelehnt und an den Seiten mit ein paar Resten vom Klebeband fixiert, konnte ich praktisch nicht vom Stuhl kippen! Entsprechend war einarmiges Reißen angesagt, frei nach dem Motto «Von allen lieblichen Weißweinen ist mir der Grappa am liebsten». Und ein Sahnehäubchen hatte ich mir auch ausgeguckt – Florian wollte mich williger trinken, als ich eh schon war, aber das machte mir gar nichts. Denn er war wirklich sehr attraktiv. Also trank ich fröhlich weiter mit.

Ich konnte mein Glück kaum fassen. Florian war höflich, attraktiv, zuvorkommend, und so bestellte er irgendwann ein Taxi für den gemeinsamen Weg in sein Liebesnest. Mir konnte es nur recht sein. Ich führte Selbstgespräche: «Komm, Frollein Feller, der Babysitter wacht zu Hause, also kann der gute Flori heute mal den mobilen Pflegedienst bei dir machen. Der räumt mal schön bei dir im Keller auf. Da gibt es zum Einschlafen heute endlich mal die Prinzenrolle für dich und nicht für die Kleinen!» Wir also los. Schon an der Garderobe nahm das Drama seinen Lauf. Er ganz höflich: «Soll ich dir in den Mantel helfen?» Ich kriegte aber dank der folierten Wickeltechnik die Arme gar nicht hoch genug! Da schwante mir für den Rest des Abends schon Böses. Ich habe mir aber nichts anmerken lassen und lässig abgewinkt: «Ach komm, leg ihn mir einfach um die Schultern.» Als das Taxi kam, stand ich steif wie eine Geisha davor. Ich habe mich dann total ungelenk und mit etwas zu viel Schwung auf die Rückbank fallen lassen. Gefolgt von einem ohrenbetäubenden Knall! Ich erschrak. Ach du liebe Güte, ich hatte meinen getapten Hintern vergessen! Beim Hinsetzen waren die beiden Klebestreifen am unteren Rücken endgültig gerissen. Und auch, wenn man keine Haare am Hintern hat – das ist nicht schön. Ich saß im Taxi und sah aus, als hätte jemand ein Geodreieck auf die Rückbank gestellt.

Florian war das völlig egal, der hatte eh nichts mitbekommen mit seinen mindestens acht Cocktails intus. Der hatte den Autopiloten auf hormonellen Vollstreckungsbescheid gestellt, die Hormonburka vor Augen und den lüsternen Blick einer Schleiereule. Der Alkohol wirkte allerdings auch bei mir und ich hatte innerlich schon jede vornehme Zurückhaltung über Bord geworfen. Mein Lustepizentrum morste ständig obszöne Botschaften an mein Großhirn: «Jetzt gibt's Kloppe. Das wird heute kein Sprintrennen, der kleine Ironman geht heute über die ganze Distanz. Von wegen Minigolf, der schlägt heute 18 Löcher. Heute wird der Eiffelturm verzinkt, nein, besser – wenn wir mit dem fertig sind, hat er den schiefen Turm von Lisa. Heute sammelt der kleine Hamster alle Nüsschen ein! Heute fährt die 18 bis nach Istanbul.» Ich schämte mich ein bisschen für meine schlechten Witze. Aber nur

- 18 -

ein ganz kleines bisschen. Ansonsten freute ich mich schon wie blöde.

Im Taxi, ordentlich beschwipst, wollte Florian schon mal fröhlich ordentlich losfummeln, da fiel mir ein: Halt, stopp! Egal, wo der dich anpackt ... ich bin ja noch eingeschweißt! Ich war das Toppits-Wundergirl: außen Toppits, innen Geschmack. Also biss ich ihm das halbe Ohr weg und murmelte streng: «Genascht wird zu Hause!» – während ich in Gedanken schon panisch überlegte, wie und wo ich mich wohl am besten ungesehen auswickeln konnte! Aus dem Taxi raus, das ging gerade noch. Die Treppe zu seiner Wohnung im vierten Stock, die war dann aber schlicht und ergreifend ein unüberwindbares Hindernis. Also spielte ich die romantische Diva: «Wenn du mich willst, musst du mich tragen, mein Held!» Er ließ sich nicht lumpen, schulterte mich und stapfte los wie Reinhold Messner auf Speed den Mount Everest hinauf. Das Gute: Ein Kerl kurz vor «Vertragsabschluss» hinterfragt nichts mehr. «Pfff, wenn die das will – von mir aus!»

Auf dem Weg nach oben quietschte mein lüsterner Avenger wie eine alte Seilbahn, und an seiner Wohnungstür angekommen, hatte der Arme mehr Wasser auf der Stirn als Mutter Beimer in den Beinen.

Das passte mir gut. Florian musste erst mal wieder zu Atem kommen und ließ sich erschöpft aufs angedachte Lotterbett fallen. Ich nutzte die Gelegenheit und huschte schnell ins Bad, um mich von Tape und Folie zu befreien. Schnell die Brüste aus dem Frischepack holen und den Rest auswickeln. Von wegen schnell. Das dauerte so lange, das saß alles so fest! Vakuumverpackt halt. Das klebte wie bekloppt an mir, und ich riss so ungeduldig und hastig daran herum, dass meine Haut knallrot und fleckig wurde. Ich sah aus wie ein angekauter Frittstreifen, an dem noch Papierreste kleben.

Aber eins muss man Florian lassen: Das hat ihn gar nicht gestört. Denn als ich endlich aus dem Bad gestolpert kam, hatte sich meine hübsche Eroberung in Prinz Valium verwandelt. Und schlief schon fester als Dornröschen. Ich dachte noch: «So wie der schnarcht, hast du nur zwei Möglichkeiten – entweder du fährst nach Hause oder du legst dich daneben.» In dem Moment drehte er sich um und steckte sich wohlig schmatzend den Daumen in den Mund. Boah, da hatte ich auch keinen Bock mehr.

Fazit: Drei Rollen Frischhaltefolie, drei Packungen Tesa extra Power, 10 Cocktails, ein Babysitter und ein Taxi. Nicht nur guter Sex ist teuer. Ausgefallener Sex auch. Aber dafür hatte ich eine unheimlich kuschelige Nacht mit meinen zwei Söhnen, die sich schon sehnsüchtig in mein Bett gelegt hatten. Wunderbar! Noch quer im Bett liegend, dachte ich: «So einen Firlefanz machst du nicht noch mal, Frau Feller. Entweder nimmt dich einer so, wie du bist, oder eben nicht. Aber so ein Wickeltheater mache ich nicht noch mal.» Und was soll ich sagen – nur zwei Wochen später hat es ganz normal geklappt.

Tatsächlich, es kam wirklich noch einer. Normal geschminkt, weder eingewickelt noch getapt, war ich abends auf einen Drink mit einer Freundin unterwegs gewesen, als «er» auftauchte wie der weiße Hai im Kneipp-Becken. Ich beschreibe ihn mal: Typ René Lacoste, so 'n gut geschnittenes Polohemd. Prinz Zartbitter, herbe Züge – volle Nuss. Ein richtig amtlicher Hormoncocktail, samtig weich am Gaumen und flott im Abgang. Gute Figur, saubere Fingernägel. Wäre ich ein Mann, dann hätte ich es mit der Beschreibung natürlich einfacher gehabt. Toll, wie Männer so was Kompliziertes wie eine anschauliche Beschreibung des Aussehens auf eine einfache Formel runterbrechen können: super Titten, geiler Arsch! Da ist doch alles gesagt für die Herren der Schöpfung. Aber wir Frauen wollen es nicht so simpel, plakativ und sexistisch! Wir wollen Phantasie, mehr Liebe zum Detail. Darum hole ich noch mal ein bisschen aus: Der Typ war eine gelungene Mischung aus Ryan Gosling, dem jungen Brad Pitt und der animalischen Ausstrahlung von Lars, dem Eisbären. Und was für eine Figur! Wahrscheinlich bestand der ausschließlich aus Omega-3-Fettsäuren und kaum Fett – also bei den Weight Watchers wäre der Schnuckel gerade mal mit einem halben Punkt gelistet worden. Und zwar in der Rubrik «Süßes zum Dessert». Ich stand sofort in Flammen. Er hieß Michael und hat wirklich keinen Blödsinn gelabert. Michael war souverän, routiniert – als könnte er eine Frau lesen. Der laberte keine Scheiße, da war jeder Satz eine Punktlandung. Ich bin fast ohnmächtig geworden! Irgendwann beugte er sich zu mir runter und sagte einfach nur: «Ganz schön laut hier. Ich würde dich gerne küssen, was hältst du davon, wenn wir beide mal in Ruhe darüber reden?» Bitte, geht doch! Endlich mal ein Mann, der das ganz höflich und konkret auf den Punkt brachte – wie cool war das denn! Dein x-ter Anlauf am Angelteich und du hast endlich den hübschen Bruder von George Clooney an der Angel. Der Typ war eine Granate. Der war wie ein Fass Ahoj-Brause. Bitzeln bei Berührung! Also erteilte ich mir selbst die Losung für den restlichen Abend: Finger rein und von da an Lalülala! Zur Hölle mit der Moral. Wenigstens für ein paar Stunden Spaß.

Er will es, ich will es, und das Leben ist zu kurz für ein langes Gesicht. Wie sagte doch mein Opa immer: «Der ganze Friedhof liegt voll mit ‹Ach, hätte ich doch!›» Am Ende ärgert man sich sowieso nur über das, was man nicht getan hat.

Es gab nur ein kleines Problem. Wohin? Da hörte ich mein kleines Sixpack-Häschen auch schon sagen: «Komm, wir fahren mit meinem Auto zum Kanal.» Und ich dachte noch: «Bingo! Der Typ ist Surfer und hat einen Bulli – mehr geht nicht, oder?

Romantik pur!» Aber von wegen. Nein, natürlich hatte er keinen Bulli. Er hatte einen kleinen Twingo. Ich möchte nicht wissen, wie das ausgesehen hat: Der Fresh Prince von Bel Münster im Twingo und daneben eine leicht angetüterte Mutter von zwei Kindern, die mit beiden Beinen im Leben steht und gerade überlegt, wo und wie sie genau diese beiden Beine unterm Faltdach verteilt kriegt. Um es kurz zu machen – es ging. Und irgendwo in Münster, an einem lauschigen Plätzchen am Kanal hat mein kleiner Schleusenwärter wirklich alles gegeben. Es war ein Träumchen. Eine Eins mit Sternchen und Zusatzzahl. Am nächsten Morgen sah ich zwar aus, als ob mich ein Gelenkbus zusammengefaltet hätte, aber das war es wert. Seitdem denke ich nicht mehr über Schönheitsoperationen oder Beautytricks nach. Es geht auch ohne. Man ist nur einmal jung. Und wenn es nur der andere ist. Klar, man sollte niemals «nie» sagen. Vielleicht denke ich doch irgendwann mal wieder über so eine klitzekleine Schönheitsoperation nach. Das wird man ja wohl noch dürfen. Das heißt ja nicht, dass man es dann auch macht. Für mich ist das eben nichts. Wäre ich doch bloß nicht so schissig.

# Spaßbad

Hallo und herzlich willkommen in der Abteilung «Irrtümer, die die Welt nicht braucht». Wobei «Irrtümer» nicht ganz richtig und fast schon irreführend ist. Was ich meine, geht eher in diese Richtung: Wenn man als Erwachsener bereits einige Jahre auf dem maladen Rücken hat, dann ist man mit seinen Ü 40 garantiert schon auf Wortkreationen, Beschreibungen und Bezeichnungen gestoßen, bei denen nach ausführlicher Prüfung klar ist: Das ist gelogen, beschönigend, irreführend oder schlicht und einfach falsch. Zum Beispiel Lachsschinken: Was soll das sein? Es hat weder mit Lachs noch mit Schinken zu tun. Lachsschinken, das ist eine Mogelpackung. Dabei müsste doch eigentlich jeder wissen – ein Fisch hat keine Keule. Das Wort «Lachsschinken» ist eigentlich fast schon ein Paradoxon, beinahe genauso unsinnig wie «ein stiller Friseur». Ja gut, das ist jetzt vielleicht ein bisschen an den Haaren herbeigezogen. Was wiederum daran liegt, dass ich neulich bei meinem Friseursalon «Krehaartiv» Folgendes erlebt habe: Chantal, die Quasselstrippe Nummer eins des Salons, fragte der Form halber den älteren Herrn, der auf ihrem Friseurstuhl Platz genommen hatte:

«Wie möchte der Herr denn die Haare geschnitten haben?»

Der wiederum sehr höflich und trocken wie ein Sandsturm in der Sahara antwortete:

«Lautlos, danke!»

Ich hätte mich wegschmeißen können. Was habe ich innerlich gelacht und den Mann abgefeiert. Die gute Chantal war so baff, die hat sich komplett verschnitten. War völlig von der Rolle, wie der Volksmund so schön sagt. Das Resultat war dann auch dem-

- 23 -

entsprechend: Aus einem simplen Stufenschnitt hatte sie eine zweistöckige Wendeltreppe geschnitten. Nicht reden und gleichzeitig schneiden – das war zu viel für Chantal. Ich habe mich aber so was von beömmelt!

Aber zurück zum Thema, den widersprüchlichen Bezeichnungen. Ich falle ja selbst nur zu gerne immer wieder auf diversen sprachlichen Unfug herein: Gerne bestelle ich mir in Bistros einen «Fitnessteller». Weil es so verführerisch klingt – essen, statt sich sportlich zu betätigen. Wobei ich mich natürlich jedes Mal frage, was an ein paar Tomaten, Salat, trockengebratenen Hähnchenstücken und etwas Dressing «fit» machen soll. Britta, meine beste Freundin, beschrieb mir vor kurzem ein ähnliches Dilemma.

«Lisa, ich bestelle mir alle zwei Jahre ein neues Auto mit Sportsitzen. Aber glaub man ja nicht, dass ich auch nur einen Meter zu Fuß gehe!»

Na, ja. Das hinkt schon ein bisschen. Dieselbe Britta erzählt halt auch gerne mal Schwachsinn, bei aller Liebe. Unvergessen in unserer Ladys-Truppe ist ihr Beitrag zum Thema «Blasenentzündung»: «Kinders, das ist eine bakterielle Geschichte – da nützt so ein Labello rein gar nix! Das ist untenrum!» Gut, dass Britta keine Ärztin geworden ist.

Aber alle diese paradoxen Wortschöpfungen sind harmlos gegen den König aller Paradoxa: das Spaßbad! Normalerweise kann ich das Wort «Spaßbad» gar nicht sagen, ohne die Beherrschung zu verlieren. Ich weiß gar nicht, wo und wie ich anfangen soll, um diese unschöne Reaktion zu erklären. Am besten ganz vorne, denn schon der Eintritt ist definitiv kein Spaß: ein Erwachsener, zwei Kinder (mein Großer und sein Kumpel Jonathan) – macht 29 Euro. Für drei Stunden. Für zwei Erwachsene wären stramme 40 Euro fällig! Boah, so eine Scheidung kann auch mal Geld einbringen, nicht nur kosten. Puuh. Wie dem auch sei, 29 Euro sind schon eine Menge Geld für einmal spaßbaden. Wie drückte sich die Ballonseiden-Mutti vor uns aus? Den genauen Wortlaut habe ich nicht mehr parat, aber es klang ungefähr so:

«Wat? 29 Ocken? Boah, ist dat teuer! So, Jamie und Oliver, ihr trinkt nix vonne Cola, die Cola bleibt zu. Wenn ihr Durst habt, trinkt ihr was aus'm Sportbecken. Und wer 'nen Tee will, geht zum Babybecken.» Alles klar. Jamie und Oliver. Ich habe mich dann gefragt, wie wohl die anderen beiden Kinder hießen? Steffen und Hennsler? Egal. Mit dem Eintritt fängt jedenfalls der Ernst im Spaßbad an. Und dann geht es auch schon direkt weiter mit dem leidvollen Kapitel «Umkleidekabine». Wie du es machst, machst du es falsch. Gehst du in die Familienumkleide, steht garantiert Familie Grizzly neben dir. Er hat die Figur, sie hat das Fell vom Bären. Und beide sind offensichtlich in der Mauser. Ich wollte nur noch weg da. Aber unauffällig, den Kindern nicht den wahren Grund sagen. Das wäre ja nur peinlich geworden! Also bloß nix Falsches sagen.

«Huch, Kinder – hier sind wir ja ganz falsch.»

Klar, mein Ältester muss wieder nachfragen:

«Warum, Mami?» Normalerweise bin ich sehr stolz, dass mein Sohn die Welt verstehen will. Sachen nicht einfach hinnimmt. Nachfragt, reflektiert, begreifen möchte. Aber doch nicht gerade jetzt! Oder bitte erst 5 Meter später!

«Weil … guck doch mal, auf dem Schild steht ‹Familienumkleide›!»

Er guckte lange auf das Schild und bekam dann feuchte Augen.

«Weil Papi nicht mehr bei uns lebt?»

Herrgott, dieses sensible Würmchen. Ich war schon wieder gerührt. Und in Erklärungsnot. Und eierte betont fröhlich gelaunt herum:

«Nein, mein Schätzeleinchen, du Süßer. Da kann der Papi

doch nichts für! Nein, wegen Jonathan, ich bin ja nicht seine Mami, mein Engelchen!»

Er steht manchmal etwas auf dem Schlauch, wie viele sensible, intelligente Jungs. Leider ließ er immer noch nicht locker, und seine helle, klare Stimme tönte für alle sehr gut hörbar durch den gekachelten Raum:

«Ach so, ich dachte schon, du wolltest hier raus, weil die Leute da eben so dick waren und ein bisschen muffig gerochen haben.»

Ich fiel fast in Ohnmacht und zischte mein Kind so leise wie möglich an:

«So geht das aber nicht, kleiner Mann! Da müssen wir aber noch mal drüber sprechen! So redet man nicht über andere Menschen. Vor allen Dingen nicht, wenn die alles hören können, weil diese Scheißwände so niedrig sind und du lauter sprichst als ein Föhn!»

Also schnell weit, weit weg und ans entgegengesetzte Ende der miefigen Bärenhöhle. Ich zog Tasche und Kinder hinter mir her, bis wir zu dritt in einer Einzelkabine standen. Die natürlich zu klein war und vor allen Dingen – was die ja immer sind – klatschnass! Den Kindern war das scheißegal. Die warfen ihre Klamotten auf den siffigen Pfützenboden und riefen:

«Tschüs, wir gehen schon mal los!»

Ich rief noch verzweifelt hinterher:

«Moment, ihr müsst euch doch noch die Badelatschen anziehen und duschen! Ihr könnt doch nicht so ins Wasser gehen, das macht man nicht!» Aber da waren die zwei schon längst außer Hörweite. Ich quetschte mich also in meinen Bikini und hoffte inständig, dass die Klamotten vom Boden in drei Stunden wieder trocken sein würden.

Endlich hatte ich alles im Spind verstaut und auch ein Plätzchen im Sportbecken gefunden, wo ich etwas Slalomschwim-

men konnte, als der nächste Gau sich ankündigte: der Toiletten-
besuch.

Schwimmen ist ja bekanntlich für alles gut und sehr gesund.
Jeder Muskel wird bewegt, ja wirklich alles wird bewegt. Und angeregt. Auch und ganz besonders die Peristaltik. Peristaltik? Wie
bitte? Ja, ich weiß – das klingt wie eine Epoche. Nach Antik-Aukti-
onen: «Hier haben wir eine Louis-Chandor-Chaiselongue. 1796,
frühe Peristaltik.»

Hat aber, wie der Kunst- oder medizinisch Interessierte natürlich weiß, nichts damit zu tun. Der Begriff «Peristaltik» bezeich-
net die Muskeltätigkeit verschiedener Hohlorgane: Speiseröhre,
Magen, Darm, Harnleiter, Eileiter und Uterus.

Im Falle meines Sohnes waren es Magen und Darm oder ganz
simpel gesagt: Er musste dringend auf den Balken, auf den Bello,
auf die Schüssel, in die Exkrementengrotte.

Also suchten wir pitschnass die Toilette auf. Ich machte die Tür
auf und blieb mit dem Kind wie angewurzelt stehen. Der Raum
roch wie ein Pumakäfig, und die Spuren in der Kloschüssel waren
mit Putzen nicht mehr zu beseitigen. Höchstens mit Hammer und
Meißel. Der Boden war verräterisch nass, verfärbt, und spätestens
jetzt bereute ich es zutiefst, dass wir unsere Badelatschen nicht an-
hatten. Wieso sieht eigentlich jedes Schwimmbadklo dieser Welt
immer so aus? Ärgerlich wandte ich mich an den Verursacher des
Klo-Aufenthalts:

«Wo sind denn deine Badelatschen?»

«Die hab ich vergessen.»

Die Badelatschen holen, dafür war es zu spät. Monsieur teilte
mir nämlich jammernd mit, dass der Druck an seiner Warenaus-
gabe nicht mehr zu kontrollieren war. Was tun? Ich entschied mich
für das St.-Christophorus-Modell, hob das Kind hoch und setzte
es auf die Klobrille. Weil ich natürlich als gute Mutter nicht wollte,

dass mein Kind seine zarten Füßchen auf diese keimverkachelten und urinversiegelten Fäkalfliesen setzte. Denn mir war völlig klar: Allein der Abstrich von der Türklinke würde dem Tropeninstitut viel Freude bereiten. Kurzzeitig überlegte ich sogar, ob ich vielleicht die Türklinke ablecken sollte – dann wäre ich vermutlich für den Rest meines Lebens gegen alle Viren und Bakterien immun gewesen. Aber der Ekel siegte. Gott sei Dank.

Mein Kind hat das alles nicht gekratzt. Er saß da, laberte, sang fröhlich ein Lied und gründete seelenruhig einen neuen Staat. Ich wollte nur noch weg, aber das wollte er nicht:

«Bitte nicht weggehen, Mami!»

Irgendwann wurde mir kalt. Ich atmete, als würde ich den Mount Everest besteigen: flach und schnell, bloß nicht durch die Nase. Aufgrund des Sauerstoffmangels bekam ich schnell die ersten Wahnphantasien. Kurz bevor ich umkippte, war der kleine Haufenleger endlich fertig.

Ich erholte mich im wohlig warmen Whirlpool von den Strapazen. In dem sicheren Gefühl, dass ich für die restlichen anderthalb Stunden vor weiteren üblen Überraschungen verschont bleiben würde.

Nur 20 Minuten später am Imbissstand sollte ich eines Besseren belehrt werden. Da mein Sohn seinen Darm ja komplett entleert hatte, war natürlich wieder ordentlich Platz für Nachschub. Also standen wir diesmal, immerhin nur halbnass, in der Schlange vor der Pommesbude.

Wieder dauerte alles unendlich lange. Was aber nicht die Schuld meines Kindes war. Vielmehr standen alte Bekannte vor uns und hielten den ganzen Laden auf: Familie Grizzly! Dass es jetzt nicht mehr schnell ging, war keine Überraschung. Mama Bär bestellte fünfzig «Chicken Nuggles», zehn «Hammbörgas» und fünf «Hottocks». Mit achtmal Pommes Mayo und einer Kiste

Cola. Dabei blieb sie auch, selbst als die Verkäuferin hartnäckig nachfragte:

«Was sind denn Chicken Nuggles? Wir haben nur Chicken *Nuggets*!»

Lady Grizzly war an diesem Verbesserungsvorschlag allerdings nicht interessiert und konterte herrisch:

«Ja, sach ich doch. Chicken Nuggles!»

Die Imbiss-Elfe versuchte es noch ein paar Mal auf die etwas subtilere Art:

«Für die *Nuggets* eine Gabel? Und Ketchup zu den *Nuggets*? Oder lieber Currysauce für die *Nuggets*?»

Ich habe mich schon gefragt, warum die Pommes-Mamsell so massiv die Grammatik- bzw. Aussprachefehler ahndete. Und habe mir die ganze Wartezeit über halblaut meine Bestellung selbst vorgesagt und auf Richtigkeit in der Aussprache überprüft! Nicht, dass die noch einen Fehler fand! Das war bei Familie Petz vor mir aber sinnlos und vergebens. Papa Bär bestellte noch zwanzig Flutschfinger, und dann wurde das ganze Staatsbankett auf neun Tabletts langwierig und umständlich abtransportiert. Das Geld fummelte Mutti dann – dabei habe ich meinem Sohn allerdings schnell die Augen zugehalten – ganz selbstverständlich aus der Bikinitasche. Dabei entblößte sie diverse Schriftzeichen, von denen ich nicht erkennen konnte, ob das ein Tribal-Tattoo war oder vielleicht doch eher der Kontrollstempel von Westfleisch.

Nach der halben Stunde vor der Chicken-Nuggles-Bude war mir so kalt, dass ich schon mal angefangen habe zu niesen und mir die blauen Lippen wieder rot zu kauen. Also schnell wieder ins große Sportbecken. Weil ich so empfindlich gegen Chlorwasser bin, hatte ich vorsichtshalber meine Schwimmbrille aufgesetzt. Das war allerdings auch keine gute Idee. Jetzt sah ich nämlich beim Schwimmen, was da so alles unter Wasser im Becken herumtrieb

und von der Filteranlage nicht erwischt wurde: Pflaster, Haarbü-
schel, Pommes, Krusten, Reste von Badekappen. Ich nahm mir
fest vor, beim nächsten Mal in jedem Bikini-Körbchen ein Spül-
maschinen-Tab zu verstecken. Das könnte doch ein sinnvoller Beitrag zur Verbesserung der Wasserqualität sein, oder?

Irgendwann wollte ich nur noch raus aus der Anstalt. Beim
Blick auf die Uhr fiel mir auf: Mist! In zehn Minuten sind die drei
Stunden abgelaufen. Sofort war mir klar, dass wir niemals in zehn
Minuten fix und fertig durch die Chipcoin-Schleuse gehen würden. Ich fasse den Rest mal schnell zusammen: 30 Minuten später
zahlte ich abgekämpft und mit halbnassen Haaren 20 Euro nach
und fuhr todmüde nach Hause. Den Kindern war das alles natürlich komplett egal. Die waren total begeistert und bestens gelaunt.

Abends im Bett schlief ich mit dem abschließenden Fazit ein:

eine halbe Stunde Umkleiden, ein halbe Stunde Toilette, eine
halbe Stunde vorm Imbissstand, eine halbe Stunde hysterisch
die Kinder gesucht. Eine halbe Stunde im Wasser verbracht, eine
halbe Stunde in der Schlange vor der Rutsche gestanden. Eine
halbe Stunde ungefähr 1000-mal gesagt: «Ihr müsst mir auf jeden
Fall sagen, wo ihr seid, ich finde euch sonst nicht, hier sind so viele
Leute!» Und ein neues Wort gelernt: Chicken Nuggles!

Alles für schlanke 60 Euro – wir haben auch noch Nuggles
gegessen! Leute – wenn das kein Spaß ist, dann weiß ich es auch
nicht.

Was bleibt jetzt von so einem Tag? Kann ich euch sagen: Wir
sagen seither auch immer Chicken Nuggles und lachen uns kaputt.
Also, der guten Laune und den Kids zuliebe: ab ins Spaßbad!

# Thermomix

Wir brauchen einfach mehr Gelassenheit. Leben und leben lassen. Entweder du hast einen Thermomix oder du hast keinen. Daraus muss man ja nicht gleich eine Glaubensfrage machen. Es ist doch nur eine Küchenmaschine. Eine sauteure, zugegebenermaßen. Und in 90 Prozent aller Fälle eine überflüssige. Was? Richtig, das sagen natürlich nur die Frauen, die keine haben wollen. Die anderen sagen, dass gerade das Flüssige besonders gut mit dem Teil gelinge. Und wie ungemein praktisch das doch sei, wenn man diesen Küchenterminator im Hause habe.

Meine beste Freundin Britta sieht das Thema «Thermomix» noch mal von einer ganz anderen Seite. Die lässt sich von jedem ihrer Lover so ein Ding schenken. Ich glaube, sie hat mittlerweile 20 Stück von diesen wertvollen Küchengeräten. Aber nicht etwa, weil sie an einem Simultan-Suppenkochwettbewerb für Fußballmannschaften teilnehmen möchte. Nein, nein – der guten Britta geht es um etwas ganz anderes:

«Liebes, wer sich die Kohle für meinen Thermomix nicht leisten kann oder will, der hat auch keine Kohle für einen Bulgari-Ring oder eine schicke Rolex!» Ich verstehe sie, aber restlos überzeugt bin ich nicht. Das Gute ist, wenn der Notstand ausgerufen wird und wir alle unsere Hamsterkäufe rausholen, dann hat Britta zwar nichts zu essen, aber für jeden Tag einen neuen Thermomix. Das Schlechte ist: Was willst du mit 20 Thermomixen, wenn Kochen nicht dein Ding ist und du jeden Tag essen gehst, so wie Britta?

Was das Thema «Thermomix» angeht, war ich immer sehr spaßorientiert. Wenn ich in einer Runde gesessen habe, wo die Mehrzahl der Frauen einen Thermomix hatte und begeistert war, dann vertrat ich mit viel Leidenschaft die absolute Hass-Fraktion. Oder umgekehrt. Bis eines Tages meine Nachbarin Gisela mich vor der Haustür abfing. Mit einem delikaten Anliegen. Ich war kurz sprachlos, doch dann fing ich mich wieder:

«Das ist doch nicht dein Ernst, Gisela! Ich soll für dich heute Abend zur Thermomix-Vorführung bei deiner Schwiegertochter Renate gehen? Spinnst du? Warum? Was soll ich denn dort? Da gehe ich ja noch lieber zum Caritas-Diavortrag ‹Die wichtigsten Sicherheitsvorkehrungen für mögliche Liebesstellungen mit künstlicher Hüfte› im Rot-Kreuz-Seniorenstift! Mensch, Gisela, muss das denn sein?»

Frau Nachbarin verzog keine Miene:

«Reg dich bitte ab, Lisa. Ich kann heute Abend nicht, weil ich doch den Aqua-Jogging-Kurs vom Sportbund stellvertretend leiten muss. Und den Karl-Heinz kann ich da nicht hinschicken, der streitet sich doch immer mit Renate über den Thermomix. Außerdem soll er ja auch gar nicht wissen, dass wir einen haben. Du sollst das Teil doch nur abholen und bar bezahlen. Renate weiß Bescheid. Bitte Lisa, du musst mir helfen!»

Da konnte ich ja wohl schlecht nein sagen. Gisela ist so eine tolle Frau, eine wunderbare Nachbarin, und sie hat es mit ihrem Karl-Heinz ja nun wirklich auch schwer genug. Also habe ich mir das Geld geben lassen und zugesagt. Vielleicht machte mir das ja sogar Spaß, bei so einer Vorführung dabei zu ein. Oder es wäre so schlecht, dass man sich vor Lachen nicht mehr einkriegte. In dem Fall könnte ich aber wenigstens noch Material für einen neuen Stand-up aufschnappen. Und wenn es ganz übel werden sollte, dann schnappte ich mir das Teil, bezahlte und haute sofort wieder ab.

Also machte ich mich ein bisschen schick zurecht, um unter den ganzen aufgebrezelten Luxushausfrauen nicht aufzufallen.

Um Punkt 18.15 Uhr versuchte ich irgendwo in Renates völlig überfülltem Wohnzimmer noch einen Sitzplatz zu finden. Naiv hatte ich gedacht, dass da höchstens fünf weitere Frauen mit mir zusammen auflaufen würden. Pustekuchen. Ich konnte ja nicht ahnen, dass sich anscheinend sämtliche Desperate Housewives von Münster auf 30 Quadratmetern versammelt hatten, um einem öligen Mittvierziger im groß karierten P-&-C-Sakko gebannt an den verkrusteten Herpeslippen zu hängen. Der Typ gab alles. Er schleimte, scherzte, kondolierte und soufflierte den Damen gekonnt nach dem Mund. Und die ließen sich bereitwillig einseifen. Nach fünf Minuten fiel die erste Interessentin um und rief begeistert: «Also, ich kaufe auf jeden Fall einen.» Da war mir klar: Der Gruppenzwang erhöhte sich drastisch. Hektisch packten die übrigen Mädels ihr Handy aus und schrieben eifrig Textnachrichten. Ich vermute mal, dass die Ehegatten jetzt das Okay zurücksimsen mussten. Denn eines war nicht zu übersehen: Die Damen waren verrückt nach dem Thermomonster und wer seiner Frau das Ding nicht kaufte, war auf dem sicheren Weg in die eheliche Impotenz.

Doch das reichte dem Vorführer nicht. Er wollte seine Opfer nicht nur überzeugen, er wollte sie fertig machen. Sie sollten auf allen vier lackierten Gliedmaßen angekrochen kommen und stöhnend wimmern, dass ihr Leben ohne diese Maschine keinen Sinn mehr hätte. Nachdem Käpt'n Vorwerk also akribisch das blinkende Atomkraftwerk aufgebaut hatte, schweifte sein pseudofreundlicher Blick noch einmal durchs Zimmer, bevor er schließlich unheilvoll drauflosschleimte:

«So, meine Lieben. Das ist so kinderleicht, dass sogar eure Männer das gute Stück bedienen können. Vielleicht demonstrieren wir das mal an einer Freiwilligen? Wer ist noch nicht überzeugt? Zweiflerinnen vor, meldet euch!»

Zielsicher blickte er mich an. Klar, so ganz doof war der Typ auch nicht. Natürlich hatte sein erfahrenes Auge identifiziert, dass ich die Einzige war, die bisher noch nichts gesagt hatte und alles relativ spöttisch amüsiert aus meiner Ecke beobachtete. Mit Grauen stellte ich schlagartig fest, dass die anderen Weiber das offenbar auch gemerkt hatten oder nur seinem Blick zu mir gefolgt waren. 35 ondulierte Köpfe mit Heidi-Klum-Kriegsbemalung drehten sich unerbittlich in meine Richtung. Alles klar. Man muss auch wissen, wenn man auf verlorenem Posten steht.

Also stand ich auf und trabte mit einem verlegenen Grinsen nach vorne. Applaus brandete auf, und ich hätte am liebsten den Augenblick genutzt, um dem Idioten meinen Willkommensgruß ins verschorfte Ohr zu zischeln:

«Na, Blitzbirne? Strahlst du so wegen deinem Fukushima-Mixer oder weil ein Witz in der Aufbauanleitung steht?»

Aber das Karo-Sakko ließ sich gar nicht beirren und trompetete triumphierend los:

«Na, wen haben wir denn hier?»

Artig sagte ich meinen vollen Namen. Auch davon war der Heini begeistert:

«Also, Frau Feller, im Fernsehen gucken Sie aber nie so skeptisch! Lachen Sie doch mal, das steht Ihnen ganz vorzüglich! Schauen Sie mal – unser neuer Thermomix hat 12 Funktionen! 12! Mixen, mahlen, zerkleinern, vermischen, dampfen, schlagen ...»

Ich unterbrach seinen Redeschwall gelangweilt:

«Klingt bis jetzt eher nach einem normalen Nachmittag in Hakans Shisha-Bude.»

Irritiert schaute er mich an. Sein falsches Lachen klang wie ein sanfter Tadel.

«Aber Frau Feller, wir kochen doch etwas Anständiges. Noch

mal – das Gerät kann kneten, kochen, dampfgaren, wiegen, kontrolliert erhitzen und emulgieren … ich mache Ihnen mal fix eine Suppe!»

Ratzfatz haute er da alles Mögliche an Gemüse rein, was er finden konnte, und goss etwas Brühe dazu. Es knirschte, rührte, schäumte, brummte, und nur wenig später war die Suppe fertig! Die Damen im Publikum raunten brünftig anerkennend, und der siegessichere Schredderkönig lief zu Hochform auf:

«So, Frau Feller! Jetzt machen wir aber auch mal unser süßes, kleines Lästermäulchen auf und probieren artig!»

«Süßes, kleines Lästermäulchen!» Ich war stinksauer und kurz davor, ihm mit dem stumpfen Löffelstiel die Augen in den Tränenkanal zurückzustopfen. Habe ich natürlich nicht gemacht. Stattdessen probierte ich widerwillig. Ach, du Scheiße! Ich war total begeistert! Die Suppe schmeckte richtig gut. Und jeder sah, dass es mir schmeckte. Die letzten Dämme brachen. Die Damenwelt tobte vor Begeisterung und stürmte nach vorne, um ebenfalls einen Löffel von der Suppe zu erhaschen. Es wurde «ge-aht» und «ge-oht», was das Zeug hielt. Noch mit dem Löffel im Mund wurden Bestellungen aufgegeben und Aufträge unterschrieben, als gäbe es kein morgen mehr.

Als sich die schnatternde Mischpoke langsam aufgelöst hatte, wandte ich mich, genervt von der Warterei, an meinen Suppenkasper:

«Ich soll das bestellte Gerät für Gisela Müller abholen.» Und etwas jovialer setzte ich frotzelnd hinterher: «Was kostet denn eigentlich Ihre Labskausmaschine?»

«1299 Euro, Frau Feller!»

Er grinste mich für meinen Geschmack ein bisschen *zu* freundlich an. Was für ein Schmierlappen! Den würde ich jetzt erst mal schön nerven und runterhandeln. Dann könnte sich Gisela nämlich noch schön was von der gesparten Kohle kaufen. Ich schaute ihn scheinbar entrüstet an:

«Ja, aber ich will doch nur *eine*!»

Er antwortete im gleichen Tonfall.

«Frau Feller, das ist der Preis für *eine*!»

Was für ein Blödmann! Augenblicklich erwachte das orientalische Verhandlungsgenie in mir. 1299 Euro, lächerlich! Wie oft hatte ich schon nachts in unzähligen Folgen *Mordkommission Istanbul* mit Erol Sander gesehen, wie man einen schwindelerregenden Preis in Höhe des Mount Everest unerbittlich zu einem lächerlichen Maulwurfshügel herunterhandelt. Das kam mir jetzt natürlich zugute. Danke, gute alte Tante ARD. Gut, dass es den Rundfunkbeitrag gibt.

Nach zehn Minuten hatte ich den habgierigen Wegelagerer souverän auf 1279 Euro runtergehandelt, inklusive des Rests Suppe in einer kleinen Tupperdose ohne Deckel. Triumphierend schenkte ich der verdatterten Gastgeberin Renate die Suppe und verließ mit dem Thermomix unterm Arm das Haus.

Gisela habe ich natürlich erzählt, dass ich den Trottel eiskalt um 150 Euro gedrückt hätte. Von dem Geld sind wir dann zusammen essen gegangen, in ein ganz edles Restaurant. Einmal Vorspeise, Gruß aus der Küche, Hauptgang, Dessert und zum würdigen Abschluss einen Eierlikör aufs Haus. So etwas macht Karl-Heinz doch nicht mit ihr. Essen gehen, das heißt für ihn immer nur einmal Gyros-Platte im Schnellrestaurant «Marathon» um die Ecke. Beim Griechen, der eigentlich Libanese ist.

Zum Dank, dass ich den Thermomix für sie abgeholt habe und weil wir so viel Spaß bei unserem gemeinsamen Essen hatten, bekocht Gisela mich jetzt immer regelmäßig mit ihrer neuen Anschaffung. Ganz oft, wenn ich vom Auftritt spät nach Hause komme, steht da ein leckerer Topf Suppe vor meiner Tür. Seitdem bin ich erst recht ein ganz großer Fan vom Thermomix. Die sind superpraktisch, und das Essen gelingt ja eigentlich immer sehr schmackhaft. Ich bin also ganz klar Team T. Vor allem, weil ich mir jetzt ja auch keinen von diesen überflüssigen, sauteuren Suppenaufschäumern mehr kaufen muss.

# Der Freund meiner Tochter

Einer meiner besten Freunde hat vier Kinder. Zwei Jungs, zwei Mädchen. Und der sagt immer zu mir:

«Sei bloß froh, dass du nur Jungs hast. Mädchen sind so furchtbar kompliziert. Wenn die in die Pubertät kommen, dann gute Nacht.»

Natürlich denke ich dann immer automatisch an meine Jugendzeit zurück, aber ich glaube, dass ich ein eher pflegeleichter Teenager war. Auch wenn mir das keiner bestätigen möchte. Egal, wen ich frage – es scheint sich immer ganz plötzlich so eine Art kollektive Demenz breitzumachen. War ich wirklich so schlimm?

Als ich dann vor gar nicht allzu langer Zeit mit meinem kinderreichen Freund zu einem meiner Auftritte gefahren bin, kam mir die Idee, ihn mal nach der «schlimmsten» Geschichte mit seiner ältesten Tochter zu fragen. Wenn ich diese Story dann mit meinen eigenen Erinnerungen verglich, konnte das doch vielleicht bei der Einsortierung und Bewertung meiner eigenen Erlebnisse hilfreich sein?

Wir fuhren also zusammen los, und ich lauschte gespannt seiner sonoren Stimme:

«Lisa, eigentlich fing alles damit an, dass ich im Auto Radio gehört habe. Und plötzlich spielten die da von Hot Chocolate *You sexy thing*! Ich war total begeistert. Die Nummer hatte ich das letzte Mal gehört, als ich 1981 im Partykeller von Bernie Schwatzeck versuchte, unter der Bluse von Bernies Schwester Susi einen neuen Sender einzustellen. Entschuldige bitte meine Ausdrucksweise, aber genau so war es. So lautete damals mein hormoneller Marschbefehl. Ab da war ich der Duke of Gentle, Prince

Charming, der Earl of Early Coming. Mit meiner Schlüpfer-Trophäensammlung hat Christo damals den Reichstag verhüllt! Spaß beiseite, aber ab dem Zeitpunkt ging es wirklich nur noch um Mädels, Mädels, Mädels – und vor allem, wie man an sie rankommt.

Tja, und auf einmal bist du erwachsen, hast eine 16-jährige Tochter und fragst dich, was die auf den Partys mit den Jungs so macht. Von wegen nur ein bisschen Klammerblues tanzen zu *Love me tender*! Die sind womöglich längst schon in der Koje am Poppen wegen Love me Tinder! Und wie ich so darüber nachdachte, lief mir der kalte Angstschweiß übers Gesicht! 16 Jahre – das sind doch noch Kinder. Eine Woche später war dann Elternsprechtag. Ich musste zur Klassenlehrerin meiner Tochter, Frau Lehmkötter-Schmitt. Und die hat mir den Rest gegeben. Wir unterhielten uns ganz normal über pubertierende Mädchen, als sie auf einmal ganz trocken meinte:

«Herr Bockmann, heutzutage ist der Übergang von der Barbie zum Kondom leider fließend!»

Ich habe die mit Sicherheit angeguckt wie Charles Bronson in *Spiel mir das Lied vom Tod*, kurz bevor er die Mundharmonika verschluckt! Das konnte ich *so* nicht stehen lassen:

«Passen Sie mal auf, Frau Lehmkötter-Schmitt – die anderen Mädchen kenne ich ja nicht so gut, aber meine Tochter tauscht immer noch zwei Glanzlos gegen ein Glitzerbildchen! Punkt! Auf Wiedersehen!»

Auf dem Rückweg habe ich dann doch mehr über den Barbie-Kondom-Spruch nachdenken müssen, als mir lieb war. Zu Hause angekommen, hab ich mein Mädchen plötzlich mit ganz anderen Augen gesehen. Die sah auf einmal gar nicht mehr so klein und niedlich aus, wie ich dachte. Eher wie eine hübsche, junge, heranwachsende Jugendliche. Und weil sie mich fragte, wie es beim Elternsprechtag war, nutzte ich gleich die Gelegenheit, um ganz sachte mit ihr ins Gespräch zu kommen:

«Gut. Sag mal, Kati, hast du ... äh ... hast du eigentlich schon ... mal ... äh ... hast du eigentlich einen Freund?»

Da hat die mich natürlich angeguckt wie ein Wesen von 'nem anderen Stern!

«Papa! Natürlich hab ich einen Freund, was denkst du denn? Ich bin doch schon seit vier Monaten mit Florian zusammen! Flori ist so süß, Mama mag den auch total gerne!»

Ich war fix und foxi. Wieso wusste ich gar nichts davon? Was lief da in meinem Haus, unter meinem Dach eigentlich ab? Etwa Sex im Kinderzimmer? Ich war innerlich total aufgewühlt, behielt aber äußerlich die Nerven. Betont lässig sagte ich lediglich:

«Na, dann ist es ja gut. Ich würde ihn auch mal gerne kennenlernen, deinen Flori!»

«Klar, Paps, aber du bist ja nie da. Vielleicht klappt es ja mal nächste Woche.»

Ich heuchelte, was das Zeug hielt.

«Ja, Kati, das würde mich echt freuen, mein Schatz.» Was natürlich total gelogen war. Der Lustmolch sollte mir in die Finger kommen! Ich würde den Bengel in der Gartenlaube mit der Heckenschere kastrieren und beim nächsten Bauernhof im Schweineeimer versenken. Genau das hatte ich vor. Und davon würde mich niemand abhalten können. Auch nicht meine Frau.

Nach einer Woche Heimarbeit – ich hatte alle Termine verschoben –, war es dann so weit. Florian, dieser notgeile, pubertäre Kinderschänder latschte unbekümmert die Straße runter und ging einfach durch mein Gartentörchen schnurstracks auf meine Haustür zu. Der hatte vielleicht Nerven! Ich dachte nur: «Junge, pass bloß auf, gleich weißt du zum ersten Mal in deinem Leben, was Angst ist!» Doch noch bevor ich die Tür öffnen konnte, musste ich zähneknirschend feststellen, dass dieser Lüstling schon freudestrahlend von meinem kleinen Engelein an der Haustür empfangen wurde. Meine Tochter strahlte mich an, als ich dazukam:

«Papa, darf ich dir Florian vorstellen?»

Ich stammelte verlegen.

«Nein. Ääh, nein, wie schön, Florian! Dass wir uns auch mal kennenlernen … müssen! Kati, holst du mal bitte meine Lesebrille aus dem Auto in der Garage? Danke!»

Sie nahm den Schlüssel und lief los. Das war meine Chance. Ich verfinsterte meinen Blick wie Clint Eastwood, blickte Florian aus schmalen Augen an und zischte:

«Gut, Florian, ich weiß nicht, ob Kati es dir schon gesagt hat, aber wir halten das hier so: Ich will von dir ein polizeiliches Führungszeugnis, Schufa-Auskunft, eine Vermögensaufstellung deiner Eltern und deinen Blutspendeausweis! Morgen unaufgefordert bei mir im Briefkasten, verstanden? Und bis dahin, mein Freund, empfehle ich dir …»

In dem Moment kam Kati zurück.

«Papa, Florian schläft heute bei uns, Mama weiß Bescheid!»

Ich dachte, ich drehe durch!

«Kein Thema, Florian. Aber wo ist dein Zelt?»

«Papa!» Kati schaute mich genervt an und rollte mit den Augen. «Du bist echt voll peinlich, 'tschuldige, Flo!»

Florian lächelte schief:

«Lass nur, Kati, dein Dad ist voll cool. Der macht schon die ganze Zeit voll die krassen Jokes hier. Komm, wir gehen in die Stadt. Tschau, bis später.»

Weg waren sie. Ich stand da mit offenem Mund und ärgerte mich halb tot. «Von wegen Jokes, du kleiner Sportsfreund. Na warte, wenn ihr wiederkommt», dachte ich hämisch. Kaum waren die beiden aus der Tür raus, bin ich nach oben in Katis Zim-

- 41 -

mer gerannt, habe ihre Matratze aus dem Bett geholt und in der Garage versteckt. In meinem Wahn hatte ich jede Kontrolle verloren. Ich war nur noch darauf fixiert, dem vermeintlichen Triebtäter die Tour zu vermasseln. Also hängte ich auch noch die Kinderzimmertür aus, der ich vorher mit einem Hammer ein paar Lackabplatzer beigebracht hatte. Dann legte ich die Tür hinter der Gartenhütte auf den Komposthaufen, weil ich in der Eile nicht so schnell wusste, wohin damit.

Als Kati und Florian aus der Stadt zurückkamen, saß ich in der Küche und trank inszeniert lässig einen Kaffee. Dabei hatte ich einen Ruhepuls von 180 und war randvoll mit Adrenalin. Kati holte eine Flasche Cola aus dem Kühlschrank, zwei Gläser aus dem Küchenschrank und meldete sich sozusagen bei mir ab: «Papi, wir gehen dann jetzt nach oben!» Das war mein Stichwort.

«Ach, Kati, bevor ich es vergesse: Deine Matratze musste ich wegen Bettwanzen vom Kammerjäger abholen lassen und deine Zimmertür musste dringend zum Lackierer! Also, wenn ihr irgendetwas braucht – sagt einfach Bescheid, ich sitze so lang im Türrahmen!»

Das Kind hatte sich gerade von seinem ersten Schock erholt und wollte lautstark protestieren, als unten die Haustür aufflog. Meine Frau stürmte stocksauer in die Küche und pampte mich ohne Vorwarnung an:

«Sag mal, würdest du mir bitte erklären, warum auf unserem Kompost eine kaputte Zimmertür gammelt und ich in unserer Garage auf einer sauteuren 9-Zonen-Kaltschaummatratze parken muss?»

Innerhalb eines Augenblicks sackte ich in mich zusammen und kam wieder zur Besinnung. Ich zeigte auf Florian, der sich ruhig im Flur aufgehalten hatte, und versuchte es mit einer schwachen Ausrede:

«Das ist nicht meine Schuld! *Der* da hat angefangen!» Oh Gott – wie peinlich, «der hat angefangen»! Weiter bin ich auch gar nicht gekommen! Meine Frau war echt sauer. Also habe ich alles schnell wieder in Ordnung gebracht und mich zähneknirschend bei Florian entschuldigt. Abends im Bett bekam ich eine richtige Standpauke von meiner Süßen:

«Dass du dich nicht schämst, wegen einem bisschen Händchenhalten so einen Aufstand zu machen! Gerade du hast es nötig! Denk doch mal an uns früher! Nenn mir mal bitte ein einziges Zimmer im Haus deiner Eltern, in dem wir es nicht getan haben!»

Da war ich aber nicht ganz einverstanden:

«Hallo, ich bitte dich, das war doch eine ganz andere Zeit früher, das kann man doch gar nicht miteinander vergleichen!»

«Stimmt», erwiderte sie, «da hast du allerdings recht, ich war nämlich erst 15.»

«Touché. Das war es dann. Von da an habe ich meinen Mund gehalten, mich ausgeklinkt und einfach gehofft, dass meine Tochter ihren eigenen Weg durch das alles schon finden wird.»

Ich hatte die ganze Zeit im Auto geschwiegen und mir alles ganz genau angehört. Vor allem eine Frage brannte mir unter den Nägeln:

«Alles schön und gut … und echt lustig … aber, dir ist schon klar, dass du derjenige warst, der sich schrecklich benommen hat? Deine Tochter hat doch gar nichts Schlimmes gemacht!»

Mein Freund lachte laut auf.

«Das ist es ja gerade, Lisa. Meistens machen die Kids ja auch gar nicht so schlimme Sachen in der Pubertät. Wir ach so erwachsenen Eltern haben einfach nur vergessen, wie wir selber damals waren und wie schlimm unsere Eltern uns genervt haben!»

Das hat mir gut gefallen, da ist viel Wahres dran. Und erklärt vielleicht auch, warum ich auf meine Fragen nach meiner Pubertät keine Antworten bekomme. Weil ich nervig war.

Gut, dann ist es ja eigentlich auch egal, wer schwieriger in der Pubertät ist. Ob Junge oder Mädchen – wir Eltern sollten vor allem ruhig bleiben und Vertrauen in unsere Kinder haben. Ist doch egal, was meine Söhne für Freundinnen mit nach Hause bringen. Hauptsache, die lassen ihre lackierten Flossen auf der Bettdecke. Sonst drehe ich durch.

# Sex in the City,
# Sex after the City

Manchmal entdeckt man gewisse Dinge erst, wenn sich die Lebenssituation ändert. Das Thema «Sex» gehört auf jeden Fall dazu. Wenn du aus einer Beziehung kommst und auf einmal wieder Single bist, dann stalkt dich die Sexualisierung der banalsten Themen auf allen Kanälen. Egal welches Sujet – irgendwie wird noch der Sex mit reingefrickelt. In der Werbung zum Beispiel: Jede Pizza ist irgendeine Amore Staggione, jedes Eis wird erregend gehmmmmt, der Cola trinkende Fensterputzer bereitet den Mädels eine erotisch aufgeladene Frühstückspause, und alles mit Schokolade ist die zarteste Versuchung, seit es Verführung gibt. Grenzenlos. Seit dem Millionenerfolg von *50 Shades of Grey* ist selbst After Eight keine Schokolade mehr, sondern ein Special Interest mit Tabucharakter. Läuft im Kino oder Fernsehen ein Film ohne Sex, ist es entweder ein Zeichentrickfilm oder er handelt von Superhelden. Viele Männer haben vor ein paar Jahren *Sex and the City* ja auch nur wegen dem Sex geguckt und nicht wegen der City. Obwohl – das verstehe ich sogar. Mal unter uns gesagt – ganz ehrlich: Wenn eine Sendung im deutschen Fernsehen *Sex in Bad Berleburg* hieße, warum würde man die wohl gucken? Und jetzt soll mir keiner mit Bad Berleburg und seinen wunderbaren Thermen kommen.

Liebe Männer, ich kann euch beruhigen. Ich will ja gar nicht mit dem berühmten Finger auf euch zeigen, euch des Sexismus bezichtigen und verteufeln. Das ist zu viel Klischee auf einmal. Im Gegenteil! Wir Frauen denken selbstverständlich auch oft an Sex. Sogar als berufstätige Mutter denkt man noch sehr häufig an

- 45 -

Sex. Wenn auch meistens eher im Zusammenhang mit «Jetzt grad nicht!».

Weil die Kinder noch nicht schlafen, weil ... zu hell, zu laut, die Hütte noch auf Vordermann gebracht werden muss, weil ... einkaufen, Hausaufgaben kontrollieren, Taxidienste ... weil es einfach nicht immer so passt, wie man es vielleicht sogar selbst gerne hätte.

Klar, so ab und zu ... zwischendurch, also ... wie soll ich es sagen, ... da wünsche ich mir auch mal ... so einen hübschen Oberförster, der bei mir mal das Unterholz ordentlich lichtet. Oder ich träume von einem Prinzen, der mir auf einem Schimmel – halt, stopp – nein, besser nix mit Schimmel, da bin ich gedanklich schon wieder zu sehr bei vergessenen Schulbroten in Star-Wars-Brotdosen. Ich formuliere schnell um: Dann träume ich auch von einem kräftigen Recken auf einem Rappen, der mit mir leidenschaftlich durch das Land von Milf und Honig galoppiert. Aber zärtlich. Und mit Kuscheln. Natürlich erst nach dem Galopp über Stock und Stein.

Aber als alleinerziehende Mutter von zwei Kindern ist das alles nicht mehr so einfach wie im Kino oder in der Illustrierten *Bunte*. Alternativen gibt es ja auch nicht. Was soll ich denn machen? Ich kann doch nicht mit Anfang 40 meine Libido abstellen und in die hormonelle Rente gehen. Oder meine Bedürfnisse einlagern wie einen Satz Winterreifen beim Autohändler. Am besten noch ausmustern und verticken, oder was? Klar, ich inseriere einfach bei Ebay-Kleinanzeigen. «Verkaufe Libido wegen Aufgabe des Hobbys. Kellerfund!»

Das klingt ja schrecklich. Entwürdigend. Aber die Realität kann manchmal auch sehr unbarmherzig sein. Ich erinnere mich nur allzu gut. Ehe man sich's versieht, heißt es auf einmal: «So, du bist 37, dein Mann ist weg – dann schließen wir mal ab, und der Letzte macht bitte das Licht aus.» Um es mit Charlotte Roche zu sagen: Die Feuchtgebiete gibt es nicht mehr, der Sumpf wird ab jetzt trockengelegt. Ja, herzlichen Dank auch! Genau, ich hab schließlich zwei Kinder, der Dienst für Deutschland ist erledigt. So nach dem Motto «Ich hatte doch schon zweimal den großen Zapfenstreich!»

Hallo? Geht's noch? Ich habe Bedürfnisse! Ich habe ein Recht auf Zärtlichkeit, die über Pudding an die Hose schmieren und schlabberige Kakaoküsse hinausgeht. Was also tun? Auch hier heißt es mal wieder ganz unbürokratisch: Hilf dir selbst, sonst macht es keiner.

Deswegen habe ich kurz nach der Trennung mit ein paar gleichgesinnten Mädels so eine Art *Sex-and-the-City*-Stammtisch gegründet. Da hat jede von uns gelernt, sich zum Thema «Sex – wie, wann, wo und wer könnte noch mit dabei sein» wieder laut und deutlich zu äußern. Es wurde ohne Krampf und Pseudomoral angesprochen, was wir unternehmen könnten, um die MS Libido wieder vom Stapel zu lassen. Meine Freundin Britta, eine hoch-explosive Mischung aus Carrie Bradshaw und Blanche Devereaux von den Golden Girls, hatte mal wieder die beste Idee:

«Ja, aber ist doch kein Thema, ihr Süßen! Da fliegen wir doch am besten mal zwei Wochen zum Robinson Club Çamyuva in die Türkei!»

Ich wusste gar nicht, was sie meinte:

«Çamyuva? Was soll das denn sein? Gibt es dagegen nicht was von Ratiopharm? Dann heißt das aber Chlamydien, und das will doch keiner von uns haben.»

Mitleidig schaute Britta mich an, bevor sie mich aufklärte:

«Çamyuva heißt der Club, Lisa. Im Volksmund auch unter anderen Namen bekannt – die Knatterfarm, Begattungsinstitut Döner oder auch einfach nur der WBW-Club!»

«WBW?»

«Wer bumst wen! Du bist aber auch manchmal echt schwer von Begriff, Lisa!»

Entschuldigung, aber ich kannte diesen Club wirklich nicht. Und das Kürzel auch nicht. Aber es ist offensichtlich *der* Singleclub für Paarungswillige und somit für zwei Sorten Singles interessant. Die einen, die schon halb durch die Sahara und so verdurstet sind, dass eine Tröpfcheninfektion sich wie ein Vollbad anfühlt. Und die anderen, die ihre Wiese einfach mal von einem anderen Gärtner gemäht bekommen wollen. Ich war erstaunt, denn für mich war Cluburlaub ja immer so ein Familiending gewesen. Gerade diese Robinson-Clubs sind ja vor allem für ihre formidable Kinderbetreuung bekannt. Aber Britta meinte, im Çamyuva haben die noch nicht mal eine Kinderbetreuung. Weil einfach keine da sind.

«Weil die da alle nur zum Rappeln hinfliegen, Herzchen! Kinderbetreuung im Çamyuva – da könnten die höchstens mal drüber nachdenken, ob die das als Nachsorge anbieten! Weißte, was ich meine? Du nimmst höchstens eins mit zurück, wenn du nicht aufpasst!»

Ich konnte es nicht glauben. Britta hatte sich derweil vor lauter Begeisterung schon fast in Rage geredet, die hörte gar nicht mehr auf:

«Da is' nix mit *Pizza, Pommes und Spaghetti*! Kein *Pitsch, Patsch, Pinguin* und *Jetzt kommt das singende Känguru*. Da gibt's nur *I was made for lovin' you* und *Du hast mich tausend Mal betrogen*!»

Von da an redeten alle nur noch wild durcheinander und überboten sich mit angeblichen «Hard Facts»: Was im Badezimmer neben dem Shampoo stehe, seien keine Duschhauben, sondern Kondome usw. Irgendwann hatte ich das Gefühl, dass es sich um eine Art exklusiven Swingerclub aus *1001 Nacht* handeln muss.

- 48 -

Klar, dass Britta so was kannte. Die war inzwischen völlig aus dem Häuschen, erzählte die wildesten Geschichten und war schon vom Erzählen so heiß, dass sie wie ein Tauchsieder durch Vanilleeis ging.

«Hmmm, Lisa – als Erstes lassen wir uns im Hamam von so 'nem gut gebauten Ali Baba mal schön die Weinberge durchkneten. Weißte was, wir buchen nur Hin- und Rückflug. Wofür brauchen wir ein Zimmer? Wir finden doch jeden Abend ein neues lauschiges Arrangement!»

Das ging mir entschieden zu weit.

«Britta, ich bin zwar Single, aber ich bin doch nicht verzweifelt!» Ich rang mühsam nach den richtigen Worten. «Wie soll ich es sagen? Guck mal, Britta, auf meinem Hormon-Highway gibt es zurzeit das eine oder andere Schlagloch, aber deswegen muss ich doch nicht von einer Kolonne Dampfwalzen dreispurig neu geteert werden! Nee, da kannst du mal schön alleine hinfahren!»

Puh, da waren auch einige der anderen Mädels sichtbar erleichtert. Britta begriff schnell, dass wir nicht die Richtigen für ihre Wollust-Tour waren, machte aber unverdrossen gleich einen neuen Vorschlag.

«Okay, Çamyuva ist gestrichen. Dann gehen wir einfach mal ins Heaven zur U-30-Party. Gut geschminkt winken die uns da locker durch!»

Na, toll! «Gut geschminkt winken die uns da locker durch!» So weit war es also schon gekommen. Ich war fassungslos. Das klang ja wie eins vor Körperwelten. Letzte Ausfahrt Spachtelhausen. Danach kam nur noch: «Frisch operiert schulen die uns bestimmt wieder ein!»

Britta ist und bleibt die Härteste. Ich überlegte kurz, ob ich sie mal an unseren letztjährigen Karnevalsausflug erinnern sollte. Da war sie in einem In-Laden mit den Worten «tolles Jenny-Elvers-Kostüm!» angesprochen worden, dabei war sie gar nicht verkleidet. Und ausgerechnet sie kam uns jetzt mit einer U-30-Party.

Ergebnislos waren wir an dem Abend auseinandergegangen. Am nächsten Tag stand ich natürlich doch vor dem Spiegel und hab geguckt, ob schummriges Licht eventuell reicht oder die Jungs von *Extrem schön!* anrücken müssen. Wahnsinn – früher, da hab ich einmal in die Puderdose gehustet und fertig. Heute hustet die Dose zurück. Mit 25 habe ich mir mit Spucke die Augenbrauen gerade gezogen, dann nur noch schnell Wimperntusche drauf und den BH ins letzte Loch gezwungen ... und dann ab auf die Piste: zwei links, zwei rechts, einen fallen lassen.

Mittlerweile läuft das alles anders. Nach zweieinhalb Stunden voller Konzentration im Bad stehe ich aufgebrezelt vorm Spiegel und flüstere meinem Spiegelbild zu: «Hallöchen Popöchen, gar nicht schlecht für eine 35-Jährige!» Blöd nur, dass ich schon 42 bin.

Ach, Mädels, warum machen wir uns nur so einen Stress? Pamela Anderson sieht unfrisiert inzwischen auch aus wie eine Dose Runkelrüben und dübelt dir trotzdem noch jeden Kerl auf Drehstrom hoch. Also, bloß keinen Stress. Ab jetzt heißt es eben: Wenn es ans Eingemachte geht, zählt hauptsächlich die Erfahrung. Zwielicht muss reichen. Und ein bisschen Gymnastik, damit es nicht so knackt in den Gelenken. Denn das fehlt mir gerade noch – da steht auf einmal so ein durchtrainierter Fabian Hambüchen mit seiner Reckstange vor meiner Matratze, und ich krieg noch nicht mal einen einfachen Bocksprung hin! Nix da! Was auch hilft: viel Kopfstand machen, damit die Brüste auch mal wieder in die andere Richtung hängen. Und schon läuft alles wieder rund. Denn eines ist ja wohl klar: Nach Sex in the City hört das Liebesleben doch nicht auf! Danach kommt eben Sex after the City! Meine Oma erzählte mir immer gerne diesen Witz: Oma Kuh steht mit

Tochter Kuh auf einem Grashügel. Tochter Kuh sieht die Stiere unten auf der Weide und sagt: «Mutter, schau mal, die hübschen Stiere da unten. Wollen wir nicht mal runtergehen und uns ein paar davon näher angucken?» Mama Kuh grast gemächlich weiter und antwortet: «Ganz ruhig, mein Mädchen. Die kommen schon alle von ganz alleine.»

# Hauptsache ungefragt

Kommunikation ist faszinierend. Wie oft erlebe ich Situationen im Gespräch mit Freunden oder Bekannten, in denen ich mich andere Sachen sagen höre als jene, die mir gerade durch den Kopf gehen. Aus den unterschiedlichsten Gründen. Weil ich meinem Gesprächspartner gegenüber nicht unhöflich sein möchte. Oder meine konträre Meinung in einem kurzen Gespräch auf der Straße nicht so unkompliziert und einfach darzustellen ist. «Wahr ist nicht, was A sagt, sondern was B versteht.» Sagt Paul Watzlawick. Der ist natürlich auch ein ganz Schlauer. Nur: Viel schlimmer finde ich diese Situationen, bei denen A ungefragt sagt, was B gar nicht hören will. Zumindest ich nicht, wenn ich B bin. Nie! Was A allerdings meistens nicht interessiert. Und mich verzweifeln lässt. Denn ich finde nie die richtige, eloquente und schlagfertige Antwort. Es ist immer dasselbe Strickmuster: Eine Freundin, ein Bekannter, ein Fremder meint, er müsse mir dringend ungefragt sagen, was ihm an mir, meinen Auftritten, meinem Auto oder meinen Klamotten nicht gefällt. Dann stehe ich meistens völlig perplex da und schweige. Und falls es mir nicht die Sprache verschlagen hat, murmele ich etwas Unverbindliches vor mich hin. Oder – was ich noch mehr an mir hasse – ich entschuldige mich verschämt. Es ist wie ein Fluch. Hinterher denke ich immer: «Warum hast du der Trulla das durchgehen lassen? Oder dem bekloppten Hirseprinz nicht die Meinung gegeigt?» Und manchmal wache ich sogar nachts auf, weil mir im Traum ein brillanter Konter eingefallen ist. Dann nehme ich mir immer wieder ganz fest vor: «Beim nächsten Mal, da werde ich aber was sagen. Geschworen.» So weit der Plan.

Ich gehe also neulich gut gelaunt durch die Stadt und treffe meinen lieben Freund Harry Müller. Ein feiner Kerl, auf den ich nichts kommen lasse. Nach einer herzlichen Begrüßung, die unserer Jahrzehnte währenden Freundschaft angemessen ist, kommt der gute Harry beinahe nebensächlich auf ein Detail meines sorgfältig kreierten Outfits zu sprechen: «Was soll das denn da?» Spöttisch wandert sein Blick in Richtung meiner bunten Jacke, die sich eng und gut geschnitten um meine Schultern schmiegt. Nicht abschätzig, aber schon etwas provozierend. Ich zucke leicht zusammen. Natürlich nur leicht, denn ich besitze genug Souveränität, über solche frechen Anwandlungen hinwegzusehen. So weit die Theorie. Praktisch bin ich natürlich sofort tödlich beleidigt. Durch intensives Rumkauen auf meiner Innenlippe versuche ich, den aufkeimenden Unmut über diese in meinen Augen anmaßende Unverschämtheit zu verscheuchen. Der gute Harry ist meiner Meinung nach der reinste Autist, denn er bekommt davon leider überhaupt nichts mit. Stattdessen legt er nach: «Trägst du jetzt die Klamotten deiner Kinder auf?»

Mir reicht's. Ich beschließe spontan, dass Harry Müller der berühmte Tropfen für mein Fass ist. Ich tobe vor Wut. Natürlich erst mal nur innerlich. Jetzt heißt es, Contenance bewahren. Mein Hirn ermahnt mich zu intellektueller Gelassenheit. Wir wollen dem armen Trottel ja schließlich nicht zeigen, dass seine flegelhaften Frechheiten mich bis ins Mark getroffen haben! Jetzt ist es an der Zeit, meine rhetorische Überlegenheit eiskalt einzusetzen. Umso wichtiger ist es also, dass ich beherrscht und total gelassen antworte. Dumm nur, dass ich mich selbst nicht im Griff habe:

«Was willst du denn von mir? Du tickst ja wohl nicht mehr ganz richtig, du Spaßvogel! Das ist meine Jacke und nicht eine von meinen Kindern! Und was glaubst du, warum ich diese Jacke trage? Na, warum wohl? Richtig! Weil ich die so richtig bekloppt finde! Genau deswegen trage ich die. Weil ich endlich will, dass mich so Blödmänner wie du ungefragt auf meine hässlichen Klamotten ansprechen. Und zwar alle! Nein! Halt, stopp! Nicht alle! Natürlich nur modische Stilikonen wie du!»

Leicht verunsichert durch meine besonnene und um Schadensbegrenzung bemühte Antwort lächelt der gute Harry etwas schief und schweigt betroffen. Besser so. Das hätte er sich halt vorher überlegen sollen. Ich habe mich nun so richtig schön in meiner Wut eingegroovt:

«Wie kommt überhaupt ausgerechnet jemand, der freiwillig und ohne Not so rumläuft wie du, auf das schmale Brett, andere ungefragt mit seiner modischen Inkompetenz zu belästigen? Hast du keinen Spiegel zu Hause? Dein kariertes Hemd sieht aus wie ein Spültuch! Ach, wie praktisch, da ist sogar hinten ein Haken dran! Toll! Schlicht und doch geschmacklos. Und schön in die Hose gesteckt hast du es auch. Prima! Das sieht ja richtig schick aus mit deinem Schmerbauch drunter. Und das Blau in dem Karomuster nimmst du unten mit den grau-blauen Streifen auf deinen Trecking-Sandalen ja geschickt wieder auf. Kleiner Tipp: Wenn du das nächste Mal etwas zu meinem Outfit sagen möchtest, warte, bis du gefragt wirst. Wenn keiner fragt – einfach mal die Klappe halten.»

Harry bekommt meine Kritik an seiner Kluft allerdings gar nicht mehr mit, denn seine Frau hat ihn weitergezogen, weil sie im Café Extrablatt verabredet sind. Besser so. Bevor ich ihm das alles noch tatsächlich entgegenschleudere.

Denn natürlich habe ich etwas völlig anderes erwidert auf seine dämliche Frage. Ich glaube, ich habe verlegen so etwas wie «Wieso, ist doch lustig?» in meinen nicht vorhandenen Bart genuschelt. Dabei habe ich verlegen auf den Boden geschaut und dann hektisch hinterhergeschoben: «Kinders, ich bin total in

- 54 -

Eile! Man sieht sich.» Ernüchternd und peinlich. Und ganz sicher kein Ruhmesblatt für eine Meisterin des geschliffenen Wortes wie mich. Das gibt es doch einfach nicht! Warum fällt mir denn da nix Besseres ein? Ich verdiene doch meine Brötchen als Komikerin»!

Gleichzeitig quält mich noch eine andere wichtige Frage: Warum machen Menschen das eigentlich? Ungefragt ihre nicht erwünschte Meinung absondern wie andere Leute ihren Achsel-schweiß. Gut, wenn man gefragt wird – dann ist das etwas ande-res. Wenn ich Harry frage, wie er meine schöne, neue Jacke findet, dann muss ich auch damit rechnen, dass sie ihm eventuell nicht gefällt. Das muss ich dann auch aushalten können. Aber ich habe ja gar nicht gefragt. Und trotzdem hat es nichts genützt. Er ist seine Frechheit losgeworden, ich meine hingegen nicht. Ich bin zutiefst verzweifelt. Beim nächsten Mal, da sag ich ihm aber meine Meinung. Ich schwöre!

Zu Hause angekommen erwischt mich unser Nachbar Herr Schmidt auf meinem immer noch wackligen falschen Fuß. Ich habe die Tür von meinem Auto noch nicht ganz zugeschlagen, da spricht er mich lauernd von der Seite an:

«Wissen Sie, was ich gerade gedacht habe, als ich Sie so ange-fahren kommen sehe?»

Ich ahne Fürchterliches, bin aber zu schwach, mich zu wehren, und sage nur hoffend «Nein» in seine Richtung. Es hilft nichts. Dankbar greift er meine Anteilnahme auf und legt los:

«Das ist ja wirklich ein unpraktisches Auto, Ihr neues Schlacht-schiff. Mein Gott, wer braucht denn so einen großen Wagen? Den könnten Sie mir schenken, den wollte ich nicht haben.»

Wer wollte das noch mal wissen? Ach ja, richtig – niemand! Am liebsten hätte ich gesagt:

«Lustig, das hat Ihre Frau letztens auch über Sie gesagt!»

Mein Auto muss doch nun wirklich nur mir gefallen, nicht

mehr und nicht weniger. Wenn ich den Unsinn schon höre: «Den könnten Sie mir schenken!» Hätte ich Millionen auf dem Konto, würde ich genau das jetzt machen. Nur um seine dumme Pfanne zu sehen. Ich schwöre, das wäre mir die Kohle wert. Und ganz ohne Risiko, denn er will es ja sowieso nicht haben. Ich fühle mich so unendlich müde. Meine Großmutter hatte recht. Die Doofen gehen einfach nicht alle. Und jeder hat was zu meckern. Natürlich, wir leben in einem freien Land, in dem jeder seine Meinung über Autos sagen darf. Aber ich hatte doch gar nicht gefragt nach dieser Meinung. Und just, als ich um des lieben Friedens unter Nachbarn willen sagen will, dass es mir leidtut und ich sehr betrübt darüber bin, dass ihm, meinem Lieblingsnachbarn, mein Auto nicht gefällt, höre ich mich mit fester und lauter Stimme sagen:

«Herr Schmidt, was meinen Sie, wie unglücklich ich mit dieser widerlichen Protzkarre bin. Ich habe mir wochenlang die Hacken abgelaufen und die Finger wundtelefoniert, um auch so einen alten, herrlich verranzten Ford Focus in diesem feschen Wurstwasser-Metallic zu bekommen. So einen, wie Sie ihn haben. 200 000 km auf der Uhr, keine Extras außer Fensterkurbeln und Handbremse … aber es war einfach nix zu machen. Nirgendwo. Es war wie verhext. Jetzt muss ich stattdessen mit dieser blöden Luxuskarosse rumfahren. Gestern habe ich noch gedacht … vielleicht tauscht Herr Schmidt ja seinen schangeligen Focus mit dir. Das kann ich wohl jetzt vergessen. Schade. Bitte, ich flehe Sie an – überlegen Sie sich das doch noch mal!»

Herrlich! Sein belämmertes Gesicht hat mir die nächsten zwei Wochen viel Freude bereitet, wenn ich nicht gut drauf war. Der hat seine Lektion gelernt. Nie wieder lässt der mir gegenüber ungefragt seinen Senf ab. Weil man das eben auch nicht macht. Das gehört sich einfach nicht, das ist schlechtes Benehmen.

Als ich ins Haus komme, steht auch schon meine gute alte

Babysitterin Rosi strahlend vor mir und begrüßt mich. Aber irgendwas ist anders. An ihr. Ich gucke noch einmal ganz genau hin ... und dann fällt es mir wie Schuppen von den Augen. Völlig ungläubig frage ich sie:

«Ach du liebes bisschen! Was hast du denn mit deinen Haaren angestellt? Das sieht ja schrecklich aus! Warum machst du denn so einen Mist?»

Und dann fällt es mir siedend heiß wieder ein. Ja, warum wohl? Verflucht noch mal. Beim nächsten Mal frage ich sie nicht. Auf gar keinen Fall. Da werde ich nichts sagen, selbst wenn sie mich fragt. Ich schwöre. Denn wie sagte schon Watzlawick: «Wahr ist nicht, was A sagt, sondern was B gar nicht erst fragt.» Oder so ähnlich.

# Weltfrauentag

Wir Frauen kennen das mit den speziellen Tagen natürlich schon, nämlich seitdem die Natur das bei uns monatlich eingerichtet hat. Aber mittlerweile hat ja alles und jeder seine Tage. Natürlich, die normalen Tage kennen wir alle und die bleiben uns ja auch dankenswerterweise zusätzlich erhalten: Montag, Dienstag usw., die handelsüblichen Wochentage eben. Klar, die heißgeliebten Feiertage und Brückentage natürlich auch. Was ich meine, sind diese speziellen Gedenktage: zum Beispiel der Tag der Tiefkühlkost. Den habe ich doch schon in meiner Studentenzeit erfunden. Aus mehreren Gründen. So eine Tiefkühlpizza Quattro «Schteidschi-oni» – das habe ich so neulich von einem italienischen Kellner gehört, der eigentlich Inder war – hat unzählige Vorzüge: vier verschiedene Mahlzeiten vorbereitet auf einer Teigbasis! Gemüse, Fleisch, Brot, Käse – gesünder geht es nicht! Und kochen muss man auch nicht können. Großartig! Ein weiteres Highlight: der Welttoilettentag! Den gibt es, obwohl man es kaum glauben mag. Toll, oder? Wie man sich freuen kann, wenn man passenderweise am Welttoilettentag mal «muss» und zur Feier des Tages einen Gruß ans Klärwerk versendet, den sich die Stadtwerke gleich mal ins Museum stellen sollten. Was haben wir noch im Angebot? Den Weltnudeltag. Genial! Wo jeder Mann sich wahrscheinlich treuherzig fragt: Wen nudele ich heute denn mal so richtig amtlich durch? Gut, das fragen sich Männer ja eigentlich sowieso ständig, aber am eingetragenen Weltnudeltag, da darf man das sogar! Ohne Hintergedanken, ohne schlechtes Gewissen, ohne Wenn und Aber. Ohne Rücksicht auf Kopfschmerzen. Und weil das alles bestimmt total anstrengend ist, liebe Männer – am

Tag des Denkens bekommt ihr dann ja auch endlich mal eure wohlverdiente Pause.

Unter all diesen Spezialtagen wie z. B. dem Internationalen Tag für die Bekämpfung der Wüstenbildung und der Dürre, dem Weltdufttag und dem Tag des Schlafes gibt es natürlich auch den Weltfrauentag. Weil wir Deutschen in unserer christlich-abendländisch geprägten Leidkultur natürlich selbstverständlich wissen, was wir an der Frau haben. Das weiß – glaubt man AfD und CSU – der gemeine Araber hingegen überhaupt nicht. Damit man solche Vorurteile weiterhin beherzt schüren kann, verweisen diese Rechtsausleger gerne auf die zugegebenermaßen echt ätzenden Vorkommnisse in der Silvesternacht 2016 in Köln.

Dass Frauen von deutschen Männern sexuell belästigt werden, das ist ja bei uns auch schon seit Jahrzehnten kein Thema mehr. Gut, sicher, unsere Frauenhäuser sind voll mit deutschen Frauen, die von ihren deutschen Männern verprügelt und missbraucht werden. Aber für die haben wir ja eben extra die Frauenhäuser gebaut! Weil wir Deutschen eben ein anderes Frauenbild haben als der Araber.

Um das mal klarzustellen: Natürlich behandelt nicht jeder Araber seine Frau schlecht! Aber naturgegeben haben unterschiedliche Kulturen unterschiedliche Frauenbilder. Und unseres ist mir selbstverständlich um einiges lieber. Mir reicht schon der Schleier vor den Augen nach drei Gläsern Prosecco, was soll ich da mit einer Burka?! Aber, ich muss ja auch keine Burka tragen.

Was mir halt auf den Keks geht, ist dieses selbstgerechte Gelaber. Dieses Alle-über-einen-Kamm-Scheren. Alle Araber sind Frauenfeinde, und alle Europäer sind das nicht. Was ein Blödsinn! Beides übrigens. Nur weil man bei den anderen etwas findet, das stinkt, heißt das noch lange nicht, dass man selbst keinen Misthaufen hat. Oder anders formuliert: Nur weil der Misthaufen beim

Nachbarn übler stinkt, ist meiner plötzlich von Dior. Dass man sich als Frau ständig dieses subtile «Na komm, sei froh, dass du hier bist, woanders wäre es noch schlimmer!» anhören muss. Ich bin der festen Überzeugung, dass ein Mann das niemals akzeptieren würde. Ein kleines, unbedeutendes Beispiel – aber für jeden anständigen Mann ein absolutes und nachvollziehbares Drama: Das wäre ungefähr so, als ob man sich in der Kneipe über sein warmes Bier beschwert und die Kellnerin fröhlich antwortet: «Seien Sie bloß froh, nebenan ist das Pils noch wärmer!» Darin besteht oft das eigentliche Problem. Wir Frauen reden über Gleichstellung, was Jobs, Gehälter und Selbstbestimmung angeht, während unsere männlichen Artgenossen diese nach wie vor aktuellen Ungerechtigkeiten auf Pilsniveau diskutieren wollen.

Manchmal glaube ich, dass bei uns jeder Tag ein 16. März ist. Das ist nämlich der Alles-was-du-machst-ist-richtig-Tag. Viele Politiker tun so, als ob es bei uns bezüglich der Frauenrechte nichts zu verbessern gäbe. Gleichstellung zwischen Mann und Frau? Wie, was, warum? Okay, simple Gegenfrage: Verdienen Frauen das Gleiche wie Männer? Natürlich verdienen Frauen das Gleiche wie Männer. Sie kriegen nur weniger. So einfach ist das.

Seien wir ehrlich. Es wird immer noch mit zweierlei Maß gemessen. Nicht nur in der Wirtschaft, in der Politik oder im Haushalt, sondern gerade auch bei den Äußerlichkeiten. Bei Frauen heißt es nur allzu oft: «Oh, die ist aber alt geworden.» Männer hingegen werden nicht älter. Männer kommen immer nur ins beste Alter, selbst wenn sie schon gar nicht mehr so oft kommen. Die werden ab 40 immer besser, wie Wein, die reifen. Und wenn sie ganz reif sind, dann kippen sie auch gerne mal um und sind Essig.

Oder wie meine gute Freundin Britta immer so schön sagt: «Ab 40 sind sie im richtigen Bums-Alter. Kaum liegen sie auf der Couch – bums, eingeschlafen!»

Es bleibt dabei: Männer wissen immer noch besser als wir Frauen, was für uns Frauen gut ist. Für keinen Kalauer sind sie sich zu schade: von «Frauenbewegung – ja sicher, Hauptsache rhythmisch» bis hin zu so anmaßenden Sprüchen wie «auf der säh ich auch gut aus!». Toll, oder? Das sagen besonders gerne solche Typen wie mein Nachbar Karl-Heinz, der für Darwins Affenfelsen noch nicht mal ein Tagesvisum bekäme. Typen wie Karl-Heinz hat man früher im Zoo mit Stöckchen geärgert und mit Nüssen beworfen. Böse Zungen behaupten, er habe einen IQ zwischen Funkloch und Autobahnböschung. Ich sage dazu nur Folgendes: Da tut man einer Autobahnböschung echt unrecht. Egal. Modisch ist Karl-Heinz eher die schlichte Variante vom Rot-Kreuz-Sack. Meistens trägt er Kurzarmhemden in Kombination mit Funktionsweste. So eine Funktionsweste bedeutet ja immer auch, dass der Träger dieses praktischen Kleidungsstücks *funktioniert*. Deswegen hat die Gisela den Karl-Heinz ja auch geheiratet – weil er funktioniert. Das Dumme ist oft nur: Für den Haushalt gilt das aus irgendwelchen Gründen nicht, nur fürs Autowaschen, Gartenzäunereparieren, Mülltonnenkontrollieren – es sind also mehr die Outdoor-Kompetenzen, die ihn auszeichnen. In der Küche ist der Karl-Heinz zu nichts zu gebrauchen. Vielleicht wäre es eine Option, wenn er sich als stummer Diener mit einem Handtuch in die Ecke stellt. So könnte sich seine Frau wenigstens noch die Hände an ihm abtrocknen.

Wieso äußert sich überhaupt so jemand wie Karl-Heinz zum Thema «Aussehen»? Wäre ich Förster, würde ich es so formulieren: «Noch nicht mal eine triebige Fichte würde sich an dem abschubbern.» So ein Typ wie Karl-Heinz hält den Finger ins Gartenbeet und die Nacktschnecken werden unfruchtbar. Das ist zwar für die Schädlingsbekämpfung sehr nützlich, trotzdem wird die Gisela ihren Karl-Heinz kaum an Bayer verhökern können.

Der Einzige, der die Faktenlage selbstredend komplett anders sieht, ist Karl-Heinz selbst. Folgende Situation, im letzten Sommer am Gartenzaun. Ich schneide die Rosen, und Karl-Heinz jätet Unkraut. Höflich, wie ich bin, grüße ich ganz unverbindlich in seine Richtung:

«Du bist aber wieder ein ganz Fleißiger, was?»

Er strahlt mich an wie ein Primelpott.

«Die Gisela hätte es nicht besser haben können! Typen wie ich, die wachsen doch nicht auf'm Baum!»

Lustig, dass er das sagt, wo ich doch ausgerechnet bei Karl-Heinz immer den Eindruck habe, seit der Evolution ist der als Einziger oben auf dem Baum geblieben. Aber zurück zum Gartenzaun. Fassungslos stehe ich mit meiner Rosenschere in der Hand und muss mir diesen Mist anhören. Da ist es vorbei mit meiner Geduld. Zeit für ein aufklärendes Gespräch. Irgendeiner muss diesem Realitätsverweigerer zumindest einen kleinen Tipp geben, einen klitzekleinen Hinweis. Ihm mitteilen, dass es vielleicht noch eine andere Interpretation gibt hinsichtlich seiner optischen und akustischen Erscheinung in der realen Welt. Allerdings heißt es jetzt aufpassen und vorsichtig abwägen. Es ist ein schmaler Grat zwischen schonungsloser Aufklärung, unausgesprochenen Wahrheiten und einer friedlichen nachbarschaftlichen Koexistenz. Und: Ich mag Gisela, diese hilfsbereite, patente und immer fröhliche Nachbarin. Will sagen: Wenn ich diesen Laichschaum zu sehr beleidige, treffe ich dann nicht auch seine im wahrsten Sinne des Wortes bessere Hälfte? Außerdem: Wer mäht mir dann meinen Rasen und erledigt die niederen handwerklichen Tätigkeiten gegen eine Flasche kühles Pils? Und will Gisela überhaupt, dass ich ausspreche, was sie eh schon weiß? Worüber sie seit knapp 50 Jahren großzügig hinwegguckt? Sollte ich da nicht erst recht Milde walten lassen?

Ich versuche es mit einer unverfänglichen Einstiegsfrage.

«Karl-Heinz, vielleicht ist die Gisela einfach sapiosexuell!»

Die nächsten Minuten beobachte ich fasziniert, wie die Räder in seinem Kopf ins Rotieren geraten und verzweifelt irgendwo einrasten wollen. Ist ja auch gemein von mir. Ich kannte den Begriff vor zwei Wochen auch noch nicht. Sapiosexuell. Meine erste Assoziation war «Sex mit Tintenfischen». Wegen meines Lieblingsgerichts im La Gondola, unserem Italiener um die Ecke: Spaghetti con sepia – Spaghetti mit Tintenfisch. Aber natürlich weit gefehlt! Es handelt sich vielmehr um die sexuelle Attraktivität von Intelligenz, abgeleitet vom Lateinischen *sapere* = wissen bzw. von der ersten Person Singular *sapio* = ich weiß. Sapiosexualität – der neueste Trend unter gelangweilten Hipstern. Selbst der altehrwürdigen Wochenzeitung *Die Zeit* war das letztens einen Artikel wert. Spätestens jetzt kann ich mit Sicherheit ausschließen, dass Karl-Heinz außer der *Sport Bild* und der *Beef!* noch andere Zeitschriften nach Bildern durchstöbert. Und was noch viel wahrscheinlicher ist: «Wissen ist geil» – um es mal salopp zu formulieren – kollidiert eklatant mit seiner bisherigen Überzeugung «doof fickt gut». Wie er Gisela und mir nach der Lektüre eines Artikels über Patricia Blanco fast hellseherisch mitgeteilt hat, quasi als Medium einer höheren Instanz. Auf Giselas berechtigten Einwand, dass es aber «dumm fickt gut» und nicht «doof fickt gut» heißt, antwortete der gute Karl-Heinz nach einem langen Überlegungsschluck aus der Flasche Oettinger vor ihm im Brustton der Überzeugung: «Ja, doof aber auch!»

Nach einer gefühlten Ewigkeit hier draußen am Gartenzaun sucht er immer noch nach der richtigen Antwort auf meine These mit der Sapiosexualität. Was soll er auch sagen? Der hört bei Intellekt wahrscheinlich auch nur das «leckt». Gerade als ich schon aus Mitleid ein versöhnliches «Du bist aber auch ein feiner Kerl» anstimmen will, erwacht er geräuschvoll schnaufend aus seiner hundertjährigen Meditation.

«Die Gisela ist nich' so eine. Wenn wir schon mal solche Filme gucken, da sacht die immer, dass wär nix für sie.»

Solche Filme? Ich fühle ein leichtes Unwohlsein, und Panik steigt in mir auf. Oh Gott, das habe ich nicht gewollt. Das Letzte, was ich jetzt brauche, sind Bilder und O-Töne aus dem Schleiflackschlafzimmer meiner Nachbarn! Aber ihr Sohn Uwe ist jetzt 40, seitdem kann eigentlich nichts mehr passiert sein. Und das ist auch mein innigster Wunsch. Für Gisela wünsche ich mir aber nach reiflicher Überlegung schon so einen grau melierten Verführer à la Richard Gere. Obwohl, das klingt nicht so überzeugend: *Pretty Woman – Neues vom Seniorenstrich*. Das war ja die eigentliche Meisterleistung von *Pretty Woman* – dass jede Frau eine so tolle Nutte wie Julia Roberts sein wollte. STOOOOOPP! Ich muss wieder klar denken. Verzweifelt versuche ich, das Gespräch auf eine solide und unverfängliche Basis zurückzuführen.

«Kennst du den schon, Karl-Heinz? Sex zu Hause ist wie Hartz IV – es reicht einfach nicht!»

Er schmeißt sich weg vor Lachen. Die ganze Nummer: Wampe festhalten, Tränen von der Wange wischen, japsend Luft einziehen und die ganze Zeit unaufhörlich «Der ist gut» fiepen. Was mir etwas unangenehm ist, denn sooo gut ist der Witz nun auch nicht. Aber immerhin ist die Kuh vom Eis. Ich kann endlich weiter meine Rosen stutzen, und der gute Karl-Heinz fängt fröhlich an, den Rasen zu mähen. Immer noch in der absoluten Überzeugung, dass er Gottes Werk und nicht des Teufels Beitrag ist. Und seien wir ganz ehrlich. Damit hat er schon auch irgendwie recht. Im Kern ist er ein Guter. Den Weltfrauentag hat er mir damals ganz beiläufig erklärt: «Meine Gisela, das ist die beste Frau von der ganzen Welt. Und zwar jeden Tag.» Na also, geht doch.

# Arschbombe

Wenn es draußen heiß wird, bleibt einer guten Mutter nichts erspart: Die lieben Kinder wollen ins Freibad. Und wer will es ihnen verübeln? Ich habe selbst immer noch das Aroma von Chlor auf der warmen Haut in der Nase, den betörenden Geschmack einer Portion Pommes mit Majo auf der Zunge und den Lärmpegel Hunderter glücklich tobender Kinder im Ohr, wenn ich an meine eigenen Freibadzeiten denke. Wie könnte ich es also meinen nach erfrischendem Wasserspaß dürstenden Kindern verweigern, einen Nachmittag in den öffentlichen Fluten unserer Heimatstadt zu verbringen? Ganz einfach: weil Freibad als Erwachsener nur noch nervt. Dieses Gekreische, diese unüberschaubare Menge an fast nackten Leibern, dieser beißende Chlorgeruch, diese verpinkelte Sonnenmilch-Schwitzwasserbrühe, die elenden Wespen, Bremsen und Krabbeltiere – einfach entsetzlich! Schwimmen? Ja, wo denn? Im Sportbecken kommt man mit Slalomschwimmen ungefähr 25 Meter weit, dann nähert man sich der unsäglichen Arschbombenfront: Von den Startblöcken springen im Sekundentakt männliche Körper im Alter von acht bis 20 Jahren ins Wasser. Mit dem einzigen Ziel, beim Eintauchen möglichst viel Wasser ins Becken und möglichst noch darüber hinaus zu verspritzen. Doch damit der hehren und intellektuellen Ziele nicht genug – ganz wichtig ist es auch, dabei vor und während des Sprungs möglichst laute Grölgeräusche von sich zu geben.

Nachdem ich mir das Ganze mal eine Stunde lang angeschaut habe, bin ich wirklich schwer ins Grübeln gekommen. Ich wollte es ja gerne verstehen. Natürlich kam mir sofort Darwin in den

Sinn: Das Imponiergehabe balzender Affen – die Parallelen waren unübersehbar. Die stärksten Männchen wollen die Damen des Rudels davon überzeugen, dass ein gesicherter, fruchtbarer Fortbestand der Gruppe nur mit ihnen gesichert ist. Also wird sich brüllend auf die Brust geklopft, um ein hübsches Weibchen abzuschleppen. Schnitt. Willkommen im 21. Jahrhundert! Ich möchte alle meine Leserinnen bitten, mir ehrlich zu antworten: «Wer hat sich in seinen Partner verliebt, weil der im Freibad die beste Arschbombe abgeliefert hat?» Schicken Sie mir eine Mail, schreiben Sie an mein Management, oder basteln Sie eine Flaschenpost – alles egal. Wichtig ist nur, dass Sie mir bestätigen, dass Sie sich irgendwann mal in einen Mann verliebt haben, weil er der König der Arschbomben war!

Oder hat jemand womöglich eine Promi-Story auf Lager? Heidi Klum – sie verliebte sich in Toms gewaltige Arschbomben? Wurde Deutschlands Topmodel eventuell folgendermaßen in der *Gala* zitiert: «Als er diese geile Arschbombe machte, das Wasser hochspritzte und sein makelloser Körper ins blaue Wasser eintauchte, habe ich einfach sofort gewusst, dass ich diesen Mann lieben will!» Ich möchte doch wirklich nur verstehen, warum diese Legionen von johlenden Spackos stundenlang wie die Lemminge ins Wasser springen. Natürlich kenne ich auch die todesmutigen Klippenspringer, die aus 25 Metern ihren makellos trainierten Körper kunstvoll elegant ins Meer stürzen. Diese Jungs sind allerdings meiner Ansicht nach von der Affenbande im Freibad so weit entfernt wie King Kong von Knigges Tischmanieren.

Die Frage stelle ich mir tatsächlich, seit ich Single bin, immer und immer wieder: Wieso sind viele Männer, was Imponiergehabe, Anmache und Flirten angeht, so schrecklich einfältig? Warum wird so selten Witz mit Leidenschaft verknüpft? Gutes Benehmen mit ein bisschen Schmeicheleien? Selbstironie mit der richtigen Portion Selbstbewusstsein? Und vor allem: Warum fehlt einigen Männern eine realistische Selbsteinschätzung? Oder auch nur ein ordentlicher Spiegel zu Hause? Ich frage das nur, weil ich vor gar nicht allzu langer Zeit eine Begegnung mit einem Mann hatte, auf den meine letzten beiden Fragen definitiv zutrafen. Und das kam so:

Ich war Gast einer großen Unterhaltungsshow im Europa-Park Rust. Die Show war vom Konzept her sehr stark an den legendären *ZDF-Fernsehgarten* angelehnt. Will sagen: volkstümliche Schlagergruppen gemixt mit jodelnden Gesangkünstlern und ein oder zwei halbprominente, aber immerhin internationale Trällertanztruppen aus dem Eurodance-Genre – frei nach dem Motto «Florian Bügeleisen, Andy Göbellier und die Klostermühler Zillerpupen treffen auf Mr. Mettnecks President». Ein rundum amüsanter und leicht verdaulicher Kessel Buntes zur besten Brunchzeit morgens um 11 Uhr. Ich war auch topfit. Bis zu dem Zeitpunkt, an dem ich mich entschied, in die Achterbahn einzusteigen. Den Silver Star. Weil ich früher immer so gerne Achterbahn gefahren bin. Ich stieg also lässig ein und freute mich auf dieses herrliche Comeback einer lang vermissten Kindheitserinnerung: wehende Haare, Kribbeln im Bauch, Adrenalin pur! Aber schon als der Wagen knatternd hochgezogen wurde – und ich meine nicht nur hoch, sondern *richtig* hoch – hatte ich so ein Gefühl, dass es dieses Mal anders werden würde. Und richtig. Schon beim ersten Abhang plus scharfer Steilkurve hätte ich am liebsten den kompletten Silver Star mit meinem Frühstück vollgereihert.

Mein Gott, war mir schlecht, als ich zitternd wie Bambi nach dem Höllenritt auf den Ausgang zustakste. Dumm nur, dass ich danach direkt zu den Proben musste. Dort schaffte ich mit letzter Kraft einen ordentlichen Durchgang meines Stand-ups. Um wieder zu Kräften zu kommen, wollte ich mich backstage in meiner

Garderobe ein bisschen hinlegen. Daraus wurde aber leider nichts, denn ich traf «ihn». Ich nenne ihn mal Stefan Hinterherseher. Früher Mitglied einer legendären Volksmusiktruppe namens Knödelruther Kolibris – auch diesen Namen habe ich verfremdet –, inzwischen als Solo-Star unterwegs. Er hatte vor mir geprobt. Einen tollen Song mit dem herzerfrischend sinnfreien Titel *Hoppla, Amore.* Von weitem in der Sonne hatte er zwar alt, aber noch relativ rüstig ausgesehen. Als er dann vor mir stand, dachte ich allerdings, mich trifft gleich der Schlag. Die ersten Schönheitsoperationen mussten schon eine ganze Weile her sein, denn Stefans Gesicht sah aus wie schlecht geschnippelt und zusammengetackert. Als hätte er schon dreitausend Jahre unter dem Ötzi gelegen.

Dieser luftgetrocknete Hinterschinken kam also munter in den Aufenthaltsraum hinter der Bühne, blieb direkt vor mir stehen und strahlte mich an:

«Ist ja so irre, Lisa, du bist ja so suuuuper!»

Er sagte wirklich super mit mindestens vier us! Und dann fing der Typ auch noch an, mich mit seinen gebräunten Gichtgriffeln aufmunternd abzuklopfen. Ich dachte noch:

«Was ist denn los, suchst du deinen Verstand? Hier ist er jedenfalls nicht!»

Am besten schnell das Thema wechseln.

«Schöne Uhr!» Herr Hinterherseher strahlte mich an:

«Ja, die ist von Fossil.» Ich tat erstaunt.

«Ach, die auch?»

Aber das hatte mein greiser Alpencasanova gar nicht mitgeschnitten. Er war voll im Lobesrausch und wollte unbedingt noch alles loswerden:

«Was du da auf der Bühne machst, Lisa – dafür muss man ja richtig intelligent sein.» Ich wand mich unter seiner schulterklopfenden Schleimerei. Ich wünschte, ich hätte dasselbe über sein Lied *Hoppla, Amore* sagen können. Der Text ging ungefähr so:

Du trägst einen Dirndlrock
Auf der Alm, da grast der Bock
Komm leg dich zu mir ins Heu
Tina, du, ich bleib dir treu
Hoppla, Amore – Feuer im Eis
Hoppla, Amore – du machst mich so heiß!

Irgendwann konnte ich mich aus seinen Fängen befreien und mich in meine Garderobe retten. Dort habe ich dann bis zur Sendung überlegt, was diesen Typ Mann dazu bringt, eine dreißig Jahre jüngere Frau in der Annahme anzubaggern, es könnte klappen. Faszinierend. Das schaffen nur Männer. Sie sind eben unerschütterliche Optimisten.

Und sie haben einen genetischen Auftrag. Dieser bedeutet für den Mann von Welt und Stil nicht nur, sich per Arschbombe im Freibad eine schöne Frau zu erobern und die Welt mit seinem Samen vor dem Aussterben zu retten. Nein – «Feuer machen» gehört definitiv auch dazu. Das weiß ich aus höchsteigener Erfahrung. Ich habe nämlich zu Hause einen offenen Kamin. Im Wohnzimmer, um genau zu sein. Und jedes Mal, wenn ein männliches Wesen mein Wohnzimmer betritt, ist es beim Anblick dieser Feuerstelle augenblicklich fasziniert und stellt die unvermeidliche Frage: «Ah, du hast einen Kamin – funktioniert der?» So ein Kamin löst nämlich zwei Assoziationen in Männern aus: Feuer und feuern. Der männliche Verstand – ich weiß, das ist im Grunde ein Paradoxon – setzt dann sofort aus. Vor dem geistigen Auge laufen sofort sämtliche James-Bond-Knutsch-Szenen ab: Eine betörend schöne, russische Agentin namens Irina Lutschikowa lümmelt sich in einem Schweizer Chalet, nur mit einer Federboa bekleidet, auf einem Eisbärenfell vor dem Kamin. Bond entsichert gerade seine Waffe und lädt durch, in der anderen Hand hält er einen Martini, während Lutschikowa gurrt: «Mr. Bond, was haben Sie denn für eine scharfe Waffe?», woraufhin Bond ebenfalls auf das Fell sinkt. Und dann wird vor dem knisternden Feuer zu schmelzender Saxophonmusik geknutscht, was das Zeug hält.

Bei uns Frauen läuft das etwas anders ab, wenn wir einen Kamin sehen. Wir sind wie immer viel pragmatischer. Wir denken bei einem offenen Kamin einfach nur an Wärme und Gemütlichkeit. Und nach meinem letzten Kaminabenteuer mit einem Feuermacher überlege ich jetzt sogar ernsthaft, das blöde Ding einfach zuzumauern. Denn kaum hatte mein auserwählter Fruchtbarkeitsgott für einen Abend den Kamin entdeckt, schaltete er auf Autopilot:

«Oh! Du hast einen Kamin, ich mach mal eben Feuer.» Gut, das war angesichts der winterlichen Temperaturen draußen sogar ein durchaus vertretbarer Gedanke.

Eine Dreiviertelstunde später hatte der Begrüßungssekt leider schon seine Wirkung verloren. Mir war kalt, und zu allem Überfluss war ich auch schon wieder nüchtern.

Mein kleiner Neandertaler jedoch kniete vor meinem Kamin und war voller Inbrunst am Werkeln, am Wedeln, am Pusten. Aber eben leider nur am Kamin. Immerhin machte der Alkohol mich langsam müde, und gerade, als ich sagen wollte «Ich schlaf schon mal ein Stündchen vor», loderte im Kamin ein zartes Feuer, sodass es auch vor selbigem endlich feurig losgehen konnte.

Doch kaum waren wir auf dem Bärenfell – aus Polyester, aber immerhin – ordentlich in Wallung gekommen, war aus diesem kleinen, mühsamen Feuerchen in kürzester Zeit ein heftiges, afrikanisches Buschfeuer geworden. Mein lieber Scholli, war das heiß.

Ich fühlte mich wie auf einer brennenden Ölplattform. Es war kaum auszuhalten. Falls ihm auch heiß geworden war, hat er sich das jedenfalls nicht anmerken lassen. Mein Feuermacher war verloren im Taumel der heißen Leidenschaft. Ich nicht, was allerdings nicht an ihm lag. Nach zehn Minuten dachte ich, ich geh kaputt. Meine rechte Seite sah aus wie ein halbes Hähnchen im Wienerwald-Hähnchen-Grill, links spürte ich hingegen nur Eiseskälte. Als hätte ich ein Rudel Pinguine auf der Schulter sitzen. Meine Füße sahen aus wie so eine alte Mischbatterie aus dem Baumarkt. Rechts blau, links rot.

Ich wollte nur noch weg aus der Grillzone. Davon hat mein Superagent aber gar nichts mitbekommen. Der feuerte nämlich ebenfalls aus allen Rohren und schwitzte wie eine Bockwurst in der Sauna. Langsam, aber sicher musste ich uns irgendwie vom Kamin wegbugsieren, sonst liefen wir Gefahr, bei lebendigem Leibe zu verbrennen. Also nahm ich meinen Pyromanen praktisch huckepack, wie so eine riesige Galapagosschildkröte, und watschelte los. Mit viel Kraft, Ausdauer und Geschicklichkeit habe ich uns dann auf allen vieren bis vor die Balkontür gewuchtet. Das hat der nicht mal gemerkt. Irgendwann brach er von ganz alleine erschöpft zusammen. Am liebsten hätte ich das Bratenthermometer aus der Küche geholt, um mal rektal nachzumessen. Ich hätte meinen feuerroten Hintern drauf verwettet – der hatte unter Garantie eine Körpertemperatur von 75 Grad. Der war gar! Komplett durch.

Wenig später saßen wir beide nach wie vor erhitzt vor der inzwischen nur noch leicht glimmenden Glut. Und wie ich so dampfend vor mich hinstarrte, hatte ich auf einmal das tiefe Bedürfnis nach einer Abkühlung in einem eiskalten Saunatauchbecken. Ich wäre sofort reingesprungen. Am liebsten mit einer richtig satten Arschbombe.

# Guter Sex ist teuer

Die einen wissen es schon lange, und die anderen informiere ich jetzt: Mein Mann und ich haben uns getrennt. Das passiert mittlerweile so vielen, dass man eigentlich direkt bei der Hochzeit die Scheidungspapiere beantragen können sollte. Wär doch schön praktisch! Wenn das so weitergeht, wird Gerhard Schröders Polit-Comeback als Scheidungsminister bald nicht mehr zu verhindern sein. Und immer stellt sich die Hauptfrage: Woran hat es gelegen, woran hat es denn verdammt noch mal bloß gelegen? Man heiratet ja nicht nur wegen der Geschenke und der guten Party, oder doch? Im Ernst – warum lassen sich so viele Paare wieder scheiden? Ich sehe das ganz pragmatisch. Der Hauptgrund für die meisten Scheidungen ist und bleibt natürlich erst einmal die Hochzeit. Schnell noch der alte Kreuzworträtselwitz hinterher: «Lebensende mit drei Buchstaben? – E – H – E.» Köstlich. Für alle Frischverheirateten, die das hier gerade leicht verängstigt lesen: Bei euch wird das natürlich alles ganz anders. Aber selbstverständlich!

Das Erste, was sich nach einer Trennung ändert: Als alleinerziehende Mutter wirst du umgehend von allen Mitmenschen in eine andere Kategorie einsortiert. Für ein paar Männer ist man sofort Freiwild, klar. Für viele Männer ist man jetzt allerdings auch ein vergifteter Köder. Denn so verführerisch das Reh auch sein mag, für die jungen Jäger bist du als Mutter von zwei Kitzen natürlich tabu. Und die alten Waidmänner wollen dich nur von den Kindern weglocken, um dich abzuschießen. Wie Mama Bambi.

Viele Frauen hingegen betrachten alleinerziehende Frauen immer mit einer Mischung aus Mitleid und Neid. Mitleid, weil:

«Was hat sie bloß *getan*, dass ihr Mann sie verlässt?» Und Neid, weil: «Was *hat* sie bloß getan, dass ihr Mann sie verlässt?»

Und dann sind da natürlich noch die besorgten Muttis, die sofort Angst haben um ihre eigenen Männer. In deren Augen habe ich ja nichts Besseres zu tun, als ihre unterforderten Bürohengste an der Krawatte in mein künstlerisches Lotterlager zu entführen. Am Anfang, kurz nach der Trennung, schnappte ich mal vor der Kita ein Gespräch zwischen zwei Müttern auf. Das Thema war «ich» und Mutti 1 eröffnete das Phrasendreschen gleich mal mit ein paar Klassikern:

«Also, es geht mich ja nichts an und ich sag dazu auch nichts, aber muss man morgens mit so einem Dekolleté aufkreuzen? Jetzt mal ehrlich, wer morgens die Bluse bis zum Bauchnabel offen trägt, ist für mich billiger als wie Freibier!»

Nach dieser Eröffnung ließ sich Mutti 2 nicht lumpen:

«Dorothee, da hättest du sie erst mal gestern sehen müssen! Wie die ach so anständige Frau Feller sich an den armen Praktikanten herangewanzt hat – wie heißt der noch?»

«Marcel.»

«Ja, genau, dieser Marcel. Da kam sie auch schon mit einer Bluse an, die so weit offen stand wie ein Schleusentor. Der arme Junge wusste ja überhaupt nicht mehr, wo er noch hingucken sollte. Genau in dem Moment musste sie ihrem kleinen Prügelaugust natürlich die Hausschuhe anziehen. Und dann hat sie noch so getan, als ob sie die blöden Latschen nicht finden könnte! Kannste dir ja wohl vorstellen, was dann kam: ‹Ja, wo sind sie denn, die Puschen? Marcel, kannst du auch mal gucken? Hattest du nicht gestern Nachmittagsdienst?› Und dann immer diese Lache. Wenn sie sich mal um ihre Kinder genauso kümmern würde wie um ihre Frisur!»

Als ich dann wortlos grüßend an den beiden Ätztanten vorbei-

-73-

ging, verstummten sie natürlich schlagartig und riefen hektisch nach ihren Kindern.

Überflüssig zu sagen, dass ich weder eine offene Bluse noch sonst ein erotisches Nachthemd anhatte. Wenn ich so ein Gelaber schon höre! Vollgespickt mit meinen Gossip-Lieblingssätzen: «Du, ich sag dazu jetzt nichts … von mir wirst du dazu nichts hören … geht mich ja auch gar nichts an … muss sie selber wissen … » Nur leider halten sie sich genau daran nicht, sondern stehen vor der Kita wie ein Hassprediger und zetern.

Immer getreu dem Motto: «Entbehrt jeder Grundlage und nichts Genaues weiß man nicht!» Wichtig ist es, keinerlei Fakten zu haben. Um Insiderwissen geht es nicht – und die Quelle muss nicht geschützt werden, weil sie nämlich gar nicht existiert. Ich habe vor einer Weile mal auf einem Kreuzfahrtschiff gespielt. Ich bin schon erstaunt, dass da keiner auf die Idee gekommen ist zu behaupten, ich wäre jetzt lesbisch geworden und in einer Beziehung mit irgend so einer Aida. Wobei – vielleicht habe ich es ja auch nur nicht mitbekommen.

Du kannst es als alleinerziehende Mutter niemandem recht machen. Bist du freundlich, auch zu Männern – dann bist du im Grunde genommen eine durchtriebene Nymphomanin mit 'nem Paradiesapfel in der Hand. Bist du zurückhaltend, heißt es wiederum sofort: «Mein Gott, kein Wunder, dass der Mann abgehauen ist.» Um im nächsten Atemzug fallen sofort so abwertend sexistische Attribute wie «zugenäht», «nicht betriebsbereit», «frigide». Gekrönt von einem gehässigen: «So kriegt die jedenfalls nie 'nen Neuen, geschieht ihr auch ganz recht.» Verrückt. Hätte ich es nicht selbst erlebt, würde ich es nicht glauben, wenn ich es mir erzählte. Falls mal jemand ebenfalls in so eine Situation kommen sollte, hier ein kleiner Tipp:

Es kann einem nur egal sein, denn ändern kann man es eh

nicht. Augen zu und durch. Ich muss dann immer an den alten Philosophen-Satz denken: «Der Kerl, der untertaucht, bringt die Frau ganz schön ins Schwimmen.»

Für uns als Paar war die Scheidung Gott sei Dank nicht so traumatisch, wie ich befürchtet hatte. Wir haben uns anständig getrennt. Aber plötzlich wieder solo zu sein, das war schon etwas befremdlich. Denn letztlich sind die Konsequenzen schnell klar: alter Mann weg, kein neuer am Start. Mit anderen Worten – auf einmal hieß es für mich *Back in the Saddle Again*. Mutti reitet wieder auf der Suche nach einem anständigen Cowboy alleine in den Sonnenuntergang. Und das ist ein komisches Gefühl, vor allem dann, wenn man ein paar Jahre «safe» verheiratet war. Ich versuche es mal sachlich und etwas unromantisch zu umschreiben. Eben parkst du noch mit gültiger TÜV-Plakette wohlbehütet in der Doppelhaus-Garage, und plötzlich stehst du als leicht in die Jahre gekommener Gebrauchtwagen auf dem Hof und musst dir ordentlich die Felgen polieren, damit du da nicht stehen bleibst. Und beim Blick in den Spiegel stellst du ernüchtert fest: Im Gesicht könntest du aber auch mal eine Ladung Cockpit-Spray vertragen. Plus Glanzpolitur. Von den verbotenen Sachen wie Tacho zurückdrehen und Roststellen überpinseln will ich lieber gar nicht erst anfangen. Du bist in vielen Sachen einfach total raus. Weil es ewig nicht mehr stattgefunden hat. Flirten? Baggern? Anbändeln? Wie war das doch gleich noch mal? Das ist ein bisschen wie beim Computer: So ein USB-Stick, wo kommt der jetzt rein? Und dann fragst du dich – um mal im Bild zu bleiben: Wann hat denn eigentlich das letzte Mal jemand was runtergeladen?

Das Problem ist bloß – als alleinerziehende und berufstätige Mutter bist du echt gut beschäftigt. Es bleibt nur wenig Zeit, sich um sich selbst zu kümmern, denn der Alltag hat seine festen Zeiten: halb sieben aufstehen, Kinder anziehen und wegbringen.

Halb neun zurück von der Schule, schnell frühstücken, die Bude auf Vordermann bringen, Wäsche waschen. Dann Büro machen, Mails checken, ein paar Telefonate erledigen. Oh, Mist! Was? Schon zwölf Uhr? Okay, schnell einkaufen, Essen kochen, Kinder einsammeln. Fünfzehn Uhr – alle satt und zufrieden, eine Stunde Hausaufgaben, dann um sechzehn Uhr zum Auftritt los, ein Uhr nachts wieder zu Hause. Klar hab ich da noch Zeit, zwei Stunden vor dem Spiegel zu stehen und zu überlegen: «Ja, Lisa, vielleicht die Haare mal lockig rechts ins Gesicht fallen lassen oder doch lieber erst mal 'ne Haarkur und dann Mittelscheitel? Wie wär's mit färben?» Spätestens dann fällt mir siedend heiß ein, dass ich nachts um eins vielleicht doch lieber schlafen sollte. Um wenigstens davon zu träumen, dass ich eine Freundin anrufe und sage: «Ich geh jetzt einfach mal drei Stunden zum Friseur und lese den Lesezirkel komplett durch!»

Während jetzt einige die Taschentücher auswringen vor Mitleid, sagen die anderen bestimmt: «Moment, was hat sie denn? Der Kerl ist doch nicht mehr da – die Zeit, die sie sonst mit Sockenaufräumen, Hemdenbügeln, Bütterchenschmieren und Fernbedienungbereitlegen verbracht hat, die kann sie sich doch jetzt prima für sich nehmen.» Korrekt. Das ist genau die Stunde, in der ich mir die Beine mit der Pinzette Haar für Haar einzeln enthaare oder mir mit dem Lippenstift selbst Grußbotschaften auf den Spiegel schreibe: «Du bist klasse, weiter so» oder «Ich liebe dich». Wahlweise auch versteckte erotische Botschaften wie «Du bist echt das Schärfste seit der Erfindung von Löwensenf».

So komme ich fröhlicher durch den Tag. Aber es reicht eben alles nur fürs Basisprogramm. Ich kenne Trockenshampoo auch erst, seit ich Kinder hab. Und dieser aktuelle Trend aus Hollywood mit dem rausgewachsenen Haaransatz, der kommt mir gerade auch sehr entgegen.

Mein Respekt vor Alleinerziehenden ist seit meiner Scheidung jedenfalls noch mal gewaltig gewachsen.

Alles in allem eigne ich mich überhaupt nicht für epische Selbstmitleidsorgien, schließlich habe ich ja noch meine beiden kleinen Schlawiner zu Hause, die mich lieben und vergöttern. Und für FSK 18 suche ich mir eben noch einen dritten Schlawiner. Muss dann halt ein großer Schlawiner sein. Das kann doch nicht so schwer sein. Meine Freundin Britta meinte nur:

«Lisa, so 'ne Männergeschichte ist doch wie Fahrradfahren. Das verlernt man nicht. Am Anfang sitzte vielleicht ein bisschen wackelig auf dem Sattel, aber nach dem ersten Tritt in die Pedale biste wieder drin und kannst Tempo aufnehmen!» Im Prinzip ist das so. Ja. Theoretisch. In der Praxis hätte ich am Anfang dann aber doch ganz gerne noch ein Paar Stützräder gehabt. Beispiel gefällig? Alles klar:

Zwei Monate nach der Trennung saß ich im Bus, da stieg auf einmal so ein Typ ein – maximal 25 Jahre, Marke Bradley Cooper. Und setzte sich direkt mir gegenüber hin. Was für ein Schnuckelchen! Und zu allem Überfluss guckte er mich auch noch die ganze Zeit versonnen an. Ich spürte, wie seine Blicke meine ausgetrocknete Hormonoase wässerten, und reagierte sofort: Die Mähne lässig nach hinten geworfen, Hohlkreuz rein, Brust raus und mein sonnigstes Lächeln ins Gesicht gezaubert. Dann ging ich aufs Ganze, zwinkerte ihm diskret zu – und bingo! Schnucki zwinkerte zurück. Irgendwann fasste er sich ein Herz und sprach mich an: «Sind Sie nicht Frau Bernskötter, meine alte Grundschullehrerin?» Schrecklich! Ich fühlte mich wie eine lüsterne Oma, die beim Gaffen erwischt worden war.

Aber nur mal weitergedacht: Nehmen wir mal an, der Schnucki hätte mich nicht für eine Art zärtlicheitsbedürftige Ingrid van Bergen gehalten und wir hätten uns für abends auf ein Gläschen bei mir verabredet. Nun: Ich habe zwei Kinder. Nehmen wir aber spaßeshalber auch noch an, ich hätte es irgendwie geschafft, die Kinder um acht mit hektischen, roten Flecken im Gesicht in den Schlaf zu singen. Des Weiteren hätte ich dann natürlich noch panisch die letzten vertrockneten Marmeladen-Brötchen-Reste aus dem angedachten Sofa der Sünde gepult und das Babyphon auf ganz leise gestellt. Schnucki wäre um neun gekommen, und um halb zehn hätte es dann so ausgesehen: die Pulle Schampus schon leer … und Schnucki auf allen vieren mit mir huckepack unterwegs in Richtung … ja, komm, jetzt reicht's mit der Märchenstunde. Jeder, der Kinder hat, weiß, was hier bereits im Ansatz nicht geklappt hätte: Erstens – niemals sind die Kinder um acht im Bett und schlafen. Und schon gar nicht, wenn man verzweifelt will, dass sie schlafen! Zweitens – habe ich eine halbe Flasche Schampus intus, dann penne ich. Und zwar alleine. Drittens – im unwahrscheinlichen Fall, dass ich den Alkohol doch vertragen hätte, wäre spätestens in dem Moment, wenn Schnucki versucht hätte, mir mit seinem Zauberstab ein bisschen gute Laune unterzuheben, sowieso ein Kind mit Teddy im Arm neben dem Bett aufgetaucht und hätte mit der besorgten Frage «Mama, was macht ihr da? Hast du Aua?» sämtlicher Erotik den Garaus gemacht.

So einfach läuft das mit der Erotik und dem Radfahren eben doch nicht, wenn man lange nicht mehr auf den Drahtesel aufgestiegen ist. Was ich zudem auch noch feststellen musste: Guter Sex ist teuer! Britta meinte nämlich auch, dass es äußerst hilfreich wäre, sich vor einem Date ein schickes und teures Outfit zu kaufen, um anschließend stilvoll nackt sein zu können. Also gehst du zum Edel-Dessous-Fachgeschäft und gibst viel Geld aus für eine raffinierte Strumpfhose, die der große Verführer dir nachher ungestüm vom Leib reißen soll. Als Nächstes müssen ordentliche High Heels her. Okay, Kerle stehen auf Knallpumps, also ab zu Deich-

- 78 -

mann. Diese Graceland-Treter sind immer noch teuer genug. Ich bin ja nicht so bekloppt wie Britta, die mit Louboutins ins Bett geht. Natürlich nur, wenn ein Mann mit dabei ist. Aber ganz ehrlich – so ein Mann, der soll sich nicht irgendwo ganz unten mit meinen Mauken beschäftigen!

Dieses ganze *Sex-in-the-City*-Geschiss um Pumps, die ein Vermögen kosten – reicht es nicht, wenn die Dinger scheißhohe Absätze haben? Das ist eh schon so anstrengend, sich mit den Teilen fortzubewegen, ich komme mir dann immer vor wie ein Stelzenläufer im Zirkus. Ich träume von einem Mann, der einfach und pragmatisch auf Giesswein steht: «Oh Baby, bitte schlüpf noch einmal in die roten Hüttenschuhe, und ich werde wahnsinnig vor Verlangen.» Wobei diese Hausschuhe auch ganz schön teuer sind. Genauso wie gutes Parfüm … zack, sind die nächsten 65 Euro weg und du hast noch nicht mal die Gewissheit, dass es was bringt. Wird dir dieser wahnsinnig betörende Duft mit dem exklusiven französischen Namen «Le Printemps de l'Obsession magnifique» – insbesondere die letzte Silbe klingt immerhin vielversprechend – den edlen Prinzen auf dem Schimmel bescheren oder doch nur ein vorlautes, wandelndes Tattoo-Fresko à la Kevin Prince Boateng? Garantien gibt es keine, nur reale Ausgaben. Der Babysitter kriegt für so einen Abend satte 50 Euro. Wenn's gut läuft 70. Das Taxi sind die nächsten 25 Euro. Natürlich nehme ich ein Taxi! Nutzt ja nix – ich komme eben auch besser in Fahrt, wenn ich ordentlich getankt habe und nicht mein Auto.

An dem Punkt geht es mit den Kosten für so ein Date aber erst richtig los: Zunächst wäre da das Essen. Das zahlt ein Mann in aller Regel nur dann, wenn er über 30 ist. Die Jüngeren lassen sich ungeniert, aus emanzipatorischen Gründen versteht sich, gerne auf einen Burger einladen. Munter wird dann weitergeblecht: Discoeintritt, Getränke – angesichts meiner imposanten

Sanifair-Bon-Sammlung würde ich am liebsten jedes Date in eine Autobahnraststätte verlegen. Ich will kurz mal innehalten – eins ist ja wohl jetzt schon klar – so ein amouröser Ritt durch die Waschanlage mit Unterbodenschutz summiert sich schnell auf mehr als einen Hunderter! Wie gesagt: Guter Sex ist teuer! Das kann ich mir viermal die Woche gar nicht leisten. Kein Wunder, dass viele Singlefrauen da ins Grübeln kommen! Das ist ja erst mal eine ordentliche Stange Geld für eine nicht unbedingt garantierte Stange Spaß und Freude.

Die Zweifel sind berechtigt: Vielleicht also doch lieber für 56 Euro eine Stange gute Laune bei dildo-is-king.de bestellen? Aber Vorsicht: Bei meiner Freundin Manu kamen letztens die Kinder fröhlich an die sonntägliche Kaffeetafel gelaufen und fragten vor versammelter Mannschaft:

«Mami, können wir heute Abend deinen pinken Delfin mit in die Wanne nehmen?»

«Welchen pinken Delfin denn?»

«Ja, den hier, der so schön brummt!»

Um Himmels willen! Seitdem gibt's nicht nur bei Manu einen Schlüssel für die Nachttischschublade.

Ich kann viele Frauen verstehen, die sagen: Ein Mann mit einem dicken Bankkonto kann gar nicht hässlich sein. Oder besser gesagt: Das Geheimnis einer glücklichen Ehe besteht darin, dass die Frau ein bisschen blind und der Mann ein bisschen reich ist. Vielen ist das folgende Szenario schlicht und ergreifend zu riskant: Das Date läuft erstaunlicherweise ganz gut. Du hast sogar einen richtig schönen Abend, du hast dich für dein Geld ausgesprochen gut amüsiert, und jetzt soll es unbekleidet, fröhlich und frivol im Café Boxspring weitergehen. Ein Vier-Augen-Gespräch unter Erwachsenen sozusagen. Der Auserwählte fängt an, dich euphorisch und stürmisch zu küssen. Und du fragst dich die ganze

- 80 -

Zeit – verdammt, woher kenne ich das? Und dann fällt es dir wieder ein. Richtig! Als ich fünf war, hat mir Bossi, mein alter Labrador, morgens auch immer so durchs Gesicht geschleckt. Aber der hatte nicht so viel Spucke wie Ed von Schleck, der dich mit seiner Zunge bearbeitet, als wäre das eine olympische Disziplin. Die Folge: Ruckzuck wirkt der Alkohol nicht mehr wie gewünscht, und dir fällt auf: Der Schlecker sabbert nicht nur wie ein Hund, er riecht auch so. Na, herzlichen Glückwunsch! Reicht doch wohl, dass die Spülmaschine oft wie nasser Hund riecht.

Ja, manchmal ist sogar schlechter Sex teuer! Aber das muss alles nicht so ablaufen, das klingt zugegebenermaßen schon sehr nach einem Worst-Case-Szenario. Ich bleibe daher optimistisch und träume natürlich auch lieber davon, dass der Prinz, der mich das nächste Mal wachküsst, aussieht wie Richard Gere in *Pretty Woman*, dass er ein genauso geschickter Erdbeerpflücker ist wie Mickey Rourke in *9½ Wochen* und mindestens so klug daherredet wie Arnold Schwarzenegger in *Terminator*, Teil 1. Ja, ich meine das wirklich so – wenn es zur Sache geht, dann soll er nicht viel quasseln. Wenn ich noch ganz erschöpft und glücklich auf dem Laken der Sünde liege, dann reicht es völlig, wenn er mir vom Badezimmer ein brünftiges «I'll be back» zuruft. Die Hoffnung stirbt zuletzt.

# Der Prinz im Supermarkt

Es gibt diese verdammten Montage. Speziell im Sommer, wenn am Wochenende schönes Wetter war. Oma hat auf die Kinder aufgepasst, und ich war mit den Mädels in der Stadt. Und bei lauen 26 Grad schmeckt so ein Eimer Aperol Spritz einfach unglaublich gut. So erfrischend, ein bisschen fruchtig, nicht zu süß. Den ganzen Tag hat man vergessen zu trinken, und der Körper lässt sich nur allzu bereitwillig das verdunstete Flüssigkeitsreservoir mit diesem köstlichen Getränk wieder auffüllen. Wenn ich geahnt hätte, dass da auch Alkohol mit drin ist, dann … dann … dann hätte ich auf den Strohhalm verzichtet. Denn angeblich soll das Trinken mit Strohhalm ja noch betrunkener machen. Und da sind wir auch schon bei zwei Schlüsselwörtern: «betrunken» und «Alkohol». Passiert mir ehrlich gesagt vielleicht zwei Mal im Jahr, von daher ist das jetzt nicht so das Problem. Das Problem besteht eher darin, dass ich das Gefühl habe, das Saufen bekommt mir nicht mehr so gut wie noch vor zehn Jahren. Früher war das so: Ein Tag hatte – auch damals schon – 24 Stunden. 16 davon hast du mit den Mädels durchgefeiert. Inklusive Aufbrezeln und Ins-Bett-Fallen. Zwei weitere Stunden hast du nach dem Ins-Bett-Fallen mit anschließendem Karussellfahren in inniger Umarmung mit Villeroy & Boch im Badezimmer verbracht und gereihert, was die Galle hergab. An die restlichen sechs Stunden konntest du dich dann nicht mehr erinnern, außer vielleicht an den Umstand, dass die Badematte so hart war. Heute läuft das ein klein wenig anders, heute brauchst du die 16 Stunden fürs Aufbrezeln und verträgst gar nichts mehr.

Aber noch mal zurück zum Anfang: Der Aperol Spritz hatte mich also komplett durchtränkt. Und wenn so ein vollgesogenes

Löschblatt wieder austrocknet … das ist nicht schön. Das sieht wirklich nicht gut aus. Auch bei mir nicht. Am Tag darauf habe ich tatsächlich nur noch Teile von mir im Spiegel wiedererkannt. Um noch genauer zu sein – eigentlich nur die goldene Creole im Ohrläppchen und das eine Muttermal. Verdammt. Ich sah Augenringe, so groß, die hätte man abends als gebackene Calamari servieren können! Aus Krähenfüßen waren über Nacht Adlerkrallen geworden. Aber die eines Adlers in der Mauser. Meine Haut hatte die Anmutung einer verwitterten Handtasche aus Krokodilleder, die zwanzig Jahre an der Anhängerkupplung eines Ford Transits über den Asphalt gedengelt wurde. Hätte ich ein Selfie meiner Tränensäcke an die NASA geschickt, dann würde der größte Mondkrater jetzt «Mare Feller» heißen. Meine Haare waren so ruiniert, dass selbst ein Rotkehlchen lieber in einer verbrannten Dornenhecke genistet hätte. Kurzum – ich sah aus wie Ötzi aus dem Eis geschreddert, nur nicht ganz so gut konserviert. In Tutenchamuns Grabkammer wäre ich sofort wieder eingewickelt worden. Die Kinder übersahen es in ihrer gütigen Liebe, und da ich keine Lust hatte, mich für den Bäcker und ein Glas Nutella stundenlang zu restaurieren, war das Desaster schon vorprogrammiert. Komm, Lisa, dachte ich – spring einfach in die olle Jogginghose, schmeiß den abgeranzten Knuddelparka über das Schlaf-T-Shirt, und schlüpf in die Ugg-Boots … das reicht doch!

Und genau in solchen Momenten passieren diese kleinen, aber folgenschweren Fehler. Beim Bäcker war alles gut gegangen, selbst die alte Verkäuferin hatte mich nicht wiedererkannt. Daraufhin wiegte ich mich derart in Sicherheit, dass ich übermütig wurde: «Super, dann fahre ich doch noch eben schnell in den Supermarkt, da ist eh grad keiner!»

Ich hätte die Zeichen besser deuten müssen, aber ich war zu verstrahlt: Als ich müde mit dem Einkaufswagen in den Supermarkt schlurfte, wollte sogar der Obdachlose mit der Straßenzeitung mir seinen Kaffeebecher mit dem ganzen Kleingeld schenken.

Es kam, wie es kommen musste. Am Müsliregal sah ich ihn versonnen die Packung Gletscher-Müsli betrachten: eine aparte Erscheinung! Groß, leichte Urlaubsbräune, gepflegter Drei-Tage-Bart. Lässige Sneaker, ein anständiges, schlichtes Shirt. Anfang 30, Ende 40. Blitzblaue Augen, so 'n richtiges Schnuckelchen. Schnell analysierte ich den Inhalt seines Einkaufswagens: kein Nutella, keine Trinkpäckchen, keine Gesichtswurst, stattdessen eine Packung Toastbrot, eine französische Salami und eine Flasche Grappa. «Alles klar», dachte ich. «Der Typ hat also keine Kinder.» Gut! Sehr gut sogar! Ich war angefixt: Jetzt nur noch schnell checken, ob der kapitale Hecht von so einem magersüchtigen Jungmodel ausgenutzt wird. Fehlanzeige: Von Salat, Magerquark und Kosmetika keine Spur. Ich war begeistert. Bis mir siedend heiß einfiel, dass ich unter meiner Parkakapuze aussah wie der frisch exhumierte Star-Wars-Imperator persönlich.

Verdammt. Mit einem Mal war ich todunglücklich! Da war einmal ein süßer Typ im Supermarkt, und ich sah aus wie die Hexe Schrumpeldei. Wenn ich den jetzt ansprach, dachte der ja, ich wolle ihn in irgendeinen Ofen schieben.

Fieberhaft suchte ich nach einer Möglichkeit, um meine schlechte Ausgangslage zu verbessern. Da hatte ich einen Geistesblitz: Manchmal futtern die Kinder doch schon vor lauter Gier ein Duplo an, und dann sagt man an der Kasse: «Der Kleine hat da schon eins rausgenommen!» Aber mir kamen sofort leise Zweifel. Ich konnte doch nicht wirklich 15 Pflegeprodukte aufreißen und an der Kasse zur Kassiererin sagen: «Ich hab mich schon mal geschminkt.»

Mir schwante Übles. Traurige Nachricht – wenn Käpt'n Iglo

heute nach Hause kam, würde nichts im Netz zappeln. Die einzigen Küsschen, die für mich drin waren, waren die von Ferrero in meinem Einkaufskorb. Aber ich gab nicht auf. Ich versuchte trotzdem, möglichst sexy an ihm vorbeizugehen und einen Blick zu erhaschen. Vergebens. Klar, natürlich. Selbst die Katzenstreu ein paar Regale weiter sah gepflegter aus als ich. Resigniert ließ ich alle Hoffnung fahren: «Wenn ich jetzt versuche, in meinen Schluppen anmutig zu gehen, denkt er höchstens mitleidig: ‹Mensch, so jung und schon eine künstliche Hüfte!›»

Enttäuscht steuerte ich die Frischfleischtheke an und bestellte mit verkaterter Reststimme:

«Zwei Mettwürstchen und vier dicke Scheiben Bauchfleisch, bitte.»

Und auf einmal höre ich so eine sonore Stimme hinter mir freundlich sagen:

«Bauchfleisch? Das ist ja doch eher ungewöhnlich für eine Frau.»

Leicht irritiert drehte ich mich um. Und da stand er, mein Supermarkt-Prinz. Er lächelte zart und machte ein leicht ungläubiges Gesicht. Mist! Wie peinlich! Was sollte ich denn jetzt machen? Mein erster Gedanke war: «Scheiße, das Ding ist durch. Da kannst du jetzt auch ruhig noch 250 g Salat bestellen, das wird dir nichts nützen. Es kann ja nur Fleischsalat sein. Du stehst schließlich an der Fleischtheke.»

Also stammelte ich verlegen rum:

«Äh, ist für den Hund …»

Wie durch einen Nebel aus Scham und Verzweiflung hörte ich ihn etwas enttäuscht sagen:

«Och, wie schade, und ich dachte, Sie wollten mich heute noch zum Grillen einladen. Hund müsste man sein!»

Ich war am Boden zerstört und versuchte panisch zu retten,

was nicht mehr zu retten war. Und machte mich nebenbei vollends zum stammelnden Vollidioten.

«Nein, das war doch bloß ein Witz! Ich hab gar keinen Hund. Ich will Ihr Bauchfleisch sein! Bitte seien Sie heute Abend mein Hund! Wuff, wuff!»

Aber es war schon längst zu spät. Mein kindisches Gelaber hatte der Gute wohl gar nicht mehr gehört. Er war längst weg. Ich fuhr nach Hause, legte das verdammte Bauchfleisch ins Bett und mich verzweifelt auf den Grill. Oder so ähnlich. Aber das konnte ich meinen Kids nicht antun. Überhaupt, dachte ich nach einer Stunde: «Solche Missgeschicke muss man abhaken und das Beste daraus machen.»

Heute sage ich mir: «Alles gut, ich habe meine Lektion gelernt.» Schönheit liegt eben im Auge des Betrachters. Und zwar nicht im eigenen. Der Supermarkt-Prinz fand mich gut, obwohl ich an jenem Morgen aussah wie eine verdötschte Vogelscheuche. Auf jede Gulaschkanone passt eben ein Deckel, selbst wenn er aus Gold ist.

Meine liebe Freundin Britta – ich hatte sie damals natürlich jammernd angerufen – vertrat von Anfang an eine ganz andere Meinung. Sie sagte sofort:

«Moment mal, Liebes – überleg doch mal! Was hatte der in seinem Einkaufswagen? Toast, Salami und Grappa? Ich kann dir sagen, was das für einer ist! Der ist hundertprozentig geschieden und hat noch nicht mal Nutella im Haus, wenn die Kinder ihn mal besuchen. Was für ein egoistisches Arschloch! Sei froh, dass du den los bist.»

Britta – wenn du sie wirklich brauchst, dann steht sie treu an deiner Seite.

Ich hatte dieses Erlebnis seinerzeit zum Anlass genommen, mich etwas besser in Form zu bringen. Ich wollte so richtig fit werden. Also machte ich mich auf den Weg zu einem dieser zahlreichen Fitnessstudios. Bei MacFat gab es einen Schnupperkurs, und die hatten nicht zu viel versprochen – der ging schon gleich in der Umkleidekabine gut los. Nach fünf Minuten Nicht-durch-die-Nase-Atmen war mein Mund so trocken, dass ich den Iso-Power-Drink für hinterher schon vorher in einem Zug runterstürzte. Danach wusste ich auch, warum der gratis war. Der Geschmack der Powerbrühe war eine interessante Mischung aus altem Camembert-Tee und abgestandener Kiwi-Schorle. Wie das Zeug so durch meinen Magen schwappte, hatte ich das Gefühl, die komplette Binnenalster verschluckt zu haben. Auf dem elenden Cross-Trainer gab das ein Geschwobber und Geglucker – ich fühlte mich wie eine Lavalampe im Schleudergang.

Gerade als ich kurz überlegte, ob ein kleines Kötzerchen wohl Abhilfe schaffen würde, kam ein junger Mann auf mich zu und stellte sich als Martin, mein persönlicher Personal-Probetraining-Fitnesstrainer, vor. «Wie nett», dachte ich noch. Ein freundlicher Mensch, der mir sicherlich zeigen würde, wie all diese martialisch aussehenden Fitnessgeräte wohl funktionieren. Martin war natürlich ziemlich gut in Schuss, der hatte kein Gramm zu viel auf den Rippen. Sein größtes Manko offenbarte sich erst, als er den Arm ausstreckte, um mich zu begrüßen. Donnerwetter! Der untertellergroße Schweißfleck, der sich von seiner Achselhöhle konzentrisch ausbreitete, sah nicht nur beunruhigend aus, er roch auch so. Mit dem kontaminierten Schwitze-Shirt hätte man wahrscheinlich locker den Kölner Dom entrosten und auf Hochglanz polieren können. Ein eindeutiger Verstoß gegen die Chemiewaffenkonvention der Vereinten Nationen. Hätte man Martin anno dazumal ans Kreuz genagelt, wäre das Holz weggefault und er abgefallen, dann wären alle nach Hause gegangen und wir wären trotzdem erlöst gewesen. Eine schöne und tröstliche Vorstellung, die aber leider nicht den durchdringenden, beißenden Geruch verdrängte.

Selbstverständlich – und das hatte ich mir schon gedacht, als ich seine muskulösen Oberarme erblickte – zeigte mir Martin zwanzig Minuten lang nur Übungen oberhalb der Gürtellinie. Dass ich so was mal blöd finden würde! Aber es gab nur Butterfly, Klimmzüge, Hanteltraining. Immer wenn ich dann an der Reihe war, kam er mir zwar in guter Absicht, aber eben auch erbarmungslos miefend so nahe, dass ich bereits nach zehn Minuten das Gefühl einer Linsentrübung im Auge hatte. Wenn nicht einer Netzhautablösung, denn ich konnte kaum noch was sehen. Verzweifelt fragte ich nach, ob wir nicht mal «was für die Beine oder das Becken» machen könnten. Das hätte ich mal besser gelassen. Gütig legte er seinen Arm um meine Schulter und erklärte:

«Später, wir folgen hier einem ausgetüftelten Plan.»

Ich nahm es positiv und betete innerlich, dass nach seiner Berührung mein kleines Muttermal im Nacken vielleicht von alleine abfallen würde. Den Rest des Trainings erlebte ich wie unter einer Käseglocke. Mein Gott, als man Fotos noch entwickeln musste, hätte der Typ ein Vermögen machen können: Einfach den Film unter den Arm geklemmt und schon wären die schönsten Farbfotos fertig gewesen. Als alles vorbei war, fragte er mich noch, ob er mir «die Duschen zeigen» sollte. Als ob er gewusst hätte, wo die sind!

Nachdem ich fertig geduscht aus der Kabine kam, wartete Martin noch mit einer Überraschung auf mich. Er lud mich auf einen Proteinshake ein, der gehe selbstverständlich aufs Haus:

«Obwohl ich noch mehr Eiweiß kaum gebrauchen kann, weißte? Ich habe schon genug Tinte auf dem Füller, muhahaha!»

Er amüsierte sich köstlich über seinen Spruch. Und ich hatte endgültig genug.

«Wieso Füller? Bisher sah das ja eher so aus, als würdest du mit 'nem Bleistift schreiben. Du, sorry, ich kann das Zeug nicht trinken, ich bin proteinintolerant.»

«Hä?»

Er sah mich fragend an. Also versuchte ich es in seiner Sprache.

«Haste Eier auf der Stulle, kannste furzen wie ein Bulle!»

Es klappte. Sein Interesse erlosch abrupt.

«Ach so! Na dann, tschüs!»

«Jau», sagte ich und schob noch schnell hinterher:

«Lass die Hand ruhig unten!»

Seitdem gehe ich ab und zu wieder unrasiert und schlunzig morgens in den Supermarkt. Fit oder nicht fit. Ich kaufe Bauchspeck und Nutella. Und bin mir sicher, dass ich eines Tages meinen Supermarkt-Prinz wiedertreffen werde. Dem Glücklichen schlägt keine Stunde.

# Kinder, Kinder

Vor ein paar Wochen habe ich es mit dem 16-jährigen Sohn einer Nachbarin als Babysitter probiert. Es war eine Notsituation, und ich hatte eigentlich kein gutes Gefühl. Aber erstens ging es nicht anders, und zweitens wollte ich mir auch nicht eingestehen, dass mein schlechtes Gefühl unter anderem auf meinem Vorurteil beruhte, dass Jungs keine guten Babysitter sein können. Also habe ich kurzerhand meine Bedenken beiseitegewischt und Jan – so heißt er – alles haarklein erklärt. Wo die Schlafanzüge sind, wo er die Zahnbürsten findet, welches Buch meine Kleinen am liebsten beim Zubettgehen vorgelesen bekommen und welche kleinen, aber extrem wichtigen Rituale sonst noch zu beachten sind. Jan hörte geduldig zu und schien alles richtig machen zu wollen. Ein guter Junge, dachte ich noch und ärgerte mich über meine stereotypen Bedenken: «Siehste, Lisa – natürlich können Jungs auch babysitten!» Jan hatte sich ein paar DVDs mitgebracht und Bücher. Er müsse noch ein bisschen lernen, teilte er mir schüchtern mit. Toller Junge! Als ich um 19 Uhr das Haus verließ, schärfte ich ihm noch einmal ein, dass spätestens um 20:30 Uhr alle im Bett sein müssten.

Um 23 Uhr parkte ich draußen vor dem Haus. Der Auftritt war sensationell gelaufen, und jetzt war ich nur noch neugierig, ob auch alles mit Jan und meinen Jungs geklappt hatte. Als ich den Haustürschlüssel herumdrehte und den Flur betrat, hörte ich seltsame Geräusche aus dem Wohnzimmer. Dann ging die Wohnzimmertür auf und mein Ältester betrat laut gähnend den Flur. Auf meine panische Frage «Was läuft denn hier für ein Film?» murmelte er nur: «Irgend so 'n Babykram, aber ich bin jetzt müde.»

Dann verschwand er erneut heftig gähnend in seinem Zimmer, kroch müde unter die Bettdecke und schlief augenblicklich ein. Ich eilte ins Wohnzimmer und fand Jan und meinen Jüngsten friedlich Arm in Arm auf dem Sofa pennend vor. Im Hintergrund lief der Fernseher in beachtlicher Lautstärke. Der Film war ein ausgesuchter Klassiker: *Der Exorzist*! Und zwar im Director's Cut, mit viel Bonusmaterial und wahrscheinlich auch vielen Extrabeschwörungsformeln auf Latein. Ich stellte den Fernseher leise. Hm – ob Jan wohl das meinte, als er vom Lernen sprach? Hatte er sich auf seine Lateinklausur vorbereitet? Ich war neugierig und weckte ihn:

«Jan! Jaaaaaaaaaaaan!» Erschrocken schlug er seine Augen auf:

«Äh, was? Oh, Frau Feller, äh, hi! Oh, Mist. Ich bin – äh – ich bin, äh, wir sind wohl während des Films eingeschlafen!»

Ich sagte erst mal gar nichts, nahm meinen Kleinen auf den Arm und brachte ihn ins Bett. «Na, warte», dachte ich und merkte, wie ich langsam Druck auf den Kessel kriegte. Als ich wieder ins Wohnzimmer kam, war Monsieur endgültig wach geworden und saß mit hektischen roten Flecken im Gesicht auf dem Sofa. Ich holte tief Luft und versuchte meinen heiligen Zorn etwas zu unterdrücken:

«Sag mal, Jan, geht's noch? Wie kannst du nur zwei kleine Kinder so einen Film gucken lassen? *Der Exorzist*?» Zerknirscht schaute mich der jugendliche Delinquent an:

«Ja, Frau Feller, tut mir leid. Sie haben ja recht. Ich hab einfach vergessen, wie schrecklich langweilig der Film ist. Ich weiß nur noch, wie ich zu den Kids gesagt habe: ‹Guckt mal, gleich kommt 'ne echt lustige Stelle, wo die bekloppte Tussi den Kopf um 180 Grad dreht, rumbrüllt und dem Pfarrer die ganze Erbsensuppe ins Gesicht kotzt› – und, paff, war ich weggeratzt, mitten im

Film. Tut mir leid, echt jetzt. Kommt nicht wieder vor, Frau Feller, wirklich. Sorry.»

Ich wollte gerade zur großen Kopfwäsche mit einem Satz heiße Ohren ansetzen, als mir eine innere Stimme sagte: «Komm runter, Lisa. Lass gut sein. Jetzt nutzt das alles nichts mehr, morgen ist ja auch noch ein Tag. Der gute Jan wird bestimmt über seinen Fehler nachdenken, und dann kannst du ihm noch einmal ordentlich ins Gewissen reden.» Und richtig. Zwei Tage später klingelte es nachmittags an der Tür. Als ich aufmachte, bot sich mir ein recht amüsantes Bild: Jan stand ordentlich gekämmt und sichtlich zerknirscht mit einem Strauß Blumen und einer DVD unter dem Arm vor mir:

«Schulligung noch mal wegen neulich», nuschelte er mit gesenktem Blick und reichte mir die Blumen. «Es war nicht richtig, was ich gemacht habe, und ich möchte das wiedergutmachen. Bitte, darf ich am Samstag wieder auf die Kinder aufpassen, damit ich Ihnen beweisen kann, dass ich das top hinkriege? Ich habe sogar extra einen schönen Film besorgt, einen richtigen Kinderfilm – hier, *Bambi* von Disney, ist 'n echter Klassiker!»

Wie ein Roboter hielt er mir die DVD hin. Oha! Da hatte ihm wahrscheinlich seine Mutter einen ordentlichen Einlauf verpasst und ihn zu diesem Wiedergutmachungsauftrag genötigt. Eigentlich war mir das keksegal, aber wie er da so ungelenk stand und erlöst werden wollte – da tat er meinem mütterlichen Herz schon wieder leid. Also sagte ich:

«Okay, Jan, jeder hat eine zweite Chance verdient. Außerdem mochten die Kinder dich und hatten Gott sei Dank auch keine Albträume von dem Gruselschockerfilm. Also gut, dann sehen wir uns Samstag um 19 Uhr zum *Bambi*-Gucken.»

Der Samstag kam, und bevor ich das Haus verließ, demonstrierte mir Jan, wie ernsthaft er sich vorbereitet hatte. Er machte meinen Jungs leckere Schnittchen zum Abendbrot, räumte alles tadellos auf und ging dann mit ihnen ins Badezimmer. Zähne putzen, Gesicht waschen, Schlafanzug anziehen – alles klappte wie am Schnürchen. Meine beiden Racker unterstützten ihn auffällig brav und erledigten seine Anweisungen augenblicklich und ohne zu murren. Endlich war alles abgehakt, und das Abendprogramm konnte beginnen. Die *Bambi*-DVD wurde feierlich ins Laufwerk versenkt, und die drei Jungs saßen aufgereiht wie die Orgelpfeifen auf dem Sofa und schauten Richtung Fernseher. Ich verabschiedete mich nicht ohne ein letztes «Dann mal viel Spaß mit Bambi!» und «Danach geht es aber sofort ab ins Bett!» in die Runde. Ein Küsschen für meine Jungs, ein strenger Blick Richtung Jan, dann verließ ich mit relativ gutem Gefühl das Haus. Dieses Mal, da war ich mir sicher, würde nichts schiefgehen. Dafür war Jan viel zu sehr darauf bedacht, seinen guten Ruf – beziehungsweise den seiner Mutter – wiederherzustellen. Allerdings hatte ich mir auch vorgenommen, nicht allzu spät wiederzukommen, sodass ich auch nur mit Britta zum Essen bei unserem Lieblingsitaliener verabredet war.

Um Punkt 22 Uhr schloss ich gespannt die Tür auf und betrat leise, mit gespitzten Ohren den Flur. Erst schien es ganz ruhig zu sein, doch dann, als sich mein Gehör an die leise Umgebung gewöhnt hatte, hörte ich Geschluchze und Gewimmere aus dem Wohnzimmer dringen. Mir rutschte das Herz in die Hose. Ach du liebes bisschen! Was war denn jetzt schon wieder passiert? Ich kriegte sofort Puls und rauschte mit mühsam unterdrückter Wut ins Wohnzimmer. Ich betrat den Raum und holte tief Luft. «Was ist hier los?», schnarrte ich mit der Schärfe von Tabasco in der Stimme in Richtung Sofa. Dort, auf dem Sofa, bot sich mir ein Bild des Jammers. Der Kleine schlief tief und fest mit dem Kopf auf der Sofalehne, während Jan und mein Großer Rotz und Wasser heulten. Im Hintergrund lief der Abspann von Bambi. Jan putzte sich noch einmal geräuschvoll die Nase, bevor er endlich was sagte.

«Falls Sie Ihre Zehnerpackung Tempo-Tücher suchen, Frau Feller – die liegen alle vollgeheult im Abfalleimer. Von wegen FSK 0! Der Film war echt so krass, so einen Scheiß gucken wir nie wieder!» Mein Großer fiel ihm schluchzend ins Wort: «Mama, es war so schlimm! Die Rehmutti wurde erschossen, einfach so! Keiner hat sich um die Waisenkinder gekümmert, und dann gab es auch noch eine ganz schlimme Brandrodung und alle Waldtiere hatten ganz fürchterliche Angst … erst am Ende war wieder alles okay. Kann ich heute bei dir im Bett schlafen? Ich habe sonst Angst, dass ich von dem schreckliche Feuer träume! Bitte, Mami, ich möchte bei dir schlafen, sonst kriege ich bestimmt Albträume!»

Nachdem ich Jan verabschiedet und ihm nochmals versichert hatte, dass er keinen Fehler gemacht hatte und ich hochzufrieden mit seinem Einsatz war, legte ich mich erschöpft und etwas ratlos in mein Bett. Dort schliefen schon meine beiden Rehkitze und kuschelten sich sofort innig an mich. Was für ein Wahnsinn! Verkehrte Welt. *Der Exorzist* kann *Bambi* als Schocker offensichtlich nicht das Wasser reichen. Kinder scheinen wohl besser zu wissen, was realistisch ist. Seine Mami zu verlieren, ängstigt Kinder eben doch viel mehr, als auf Lateinisch zu rülpsen und Pastoren zu beleidigen. Faszinierend. Man lernt wirklich nie aus, wenn man Kinder hat.

Als Britta am nächsten Tag neugierig bei mir auftauchte, erzählte ich ihr natürlich detailliert, was passiert war. Sie lachte sich kaputt und meinte nur, das wäre doch eine tolle Story für mein neues Buch. Was hiermit erledigt wäre. Und wie wir so vom einen Thema zum anderen kamen, bemerkte sie nebenbei, dass ältere Leute sich oft noch kindischer benähmen als Kinder selbst. Ihre Ex-Schwiegermutter sei das beste Beispiel für diese These. Die gute Frau fing wohl ab ihrem 68. Lebensjahr an, wunderlich zu werden. Da war ihr Mann leider schon 20 Jahre unter der Erde. Und damit auch ihr wichtigstes Korrektiv. Auf jeden Fall fehlte ihr jemand, der sie einfach mal von ein paar sonderbaren Dingen abhielt. Als zum Beispiel die Zentralverriegelung ihres alten VW Golf nicht mehr auf die Fernbedienung reagierte und sich nur noch die Heckklappe mit dem Schlüssel öffnen ließ, krabbelte die alte Dame vier Monate lang durch den Kofferraum auf den Fahrersitz. Das war in dem italienischen Dorf, in dem die alte Dame lebte, sicherlich eine große Attraktion. Britta hatte noch weitere skurrile Geschichten auf Lager und meinte, sie habe irgendwann begriffen, «dass ihre Schwiegermutter das größte Kind von allen» war. Warum auch nicht? Machen wir Erwachsenen nicht andauernd kindische Sachen? Was ist zum Beispiel mit dem Heiraten? Wie sagte mein Kollege Atze Schröder doch vor ein paar Jahren so schön: «Eine Ehe ist doch rein objektiv betrachtet wie ein Urlaub in Tunesien: Im Prinzip all-inclusive, aber immer begleitet von einer leichten Magenverstimmung und dem unguten Gefühl nach dem ersten Tag, doch das Falsche gebucht zu haben. Allerdings – wenn du gefragt wirst, wie der Urlaub denn so war, dann kommt die Antwort wie aus der Pistole geschossen: ‹Toll, natürlich!›» Schon seltsam, oder?

Wo wir gerade bei Kindern und kindischem Verhalten von Erwachsenen sind – es gibt ja unter den Ü-50-Muttis einen ganz neuen Trend: Das letzte Kind hat Fell! Brittas Schwester Inga hat sich jetzt einen Hund gekauft. Eine Mischung aus Golden Retriever und Lassie, einen Borderliner Collie, *wenn* ich es richtig verstanden habe. Sie nennt ihn nur «Männlein» und macht laut Brittas Aussage alle «völlig kirre» mit dem Köter. Jetzt sind Britta und Inga eh wie Feuer und Wasser: Britta, der kinderlose Vamp, und Inga, die vierfache Mutter und Oberglucke. Unterschiedlicher als die beiden geht es nun wirklich nicht. Dementsprechend grenzenlos ist auch das Nichtverständnis, dass die beiden Schwestern der jeweils anderen und deren Lebensentwurf entgegenbringen. Inga lästert nur über Brittas zahllose Affären und Scheidungen, während Britta sich in einer Tour über ihre spießige Obermutti-Schwester mokiert. Da hat sie, so Britta, «endlich ihre Blagen aus dem Haus» und könnte mal über «Sex aus Spaßgründen» nachdenken – nein, stattdessen kauft sie «sich einen Hund als Kindersatz»! Auf meinen zaghaften Einwand, dass doch in erster Linie die gute Inga selbst am besten wisse, was sie glücklich mache, reagierte Britta in ihrem aufkeimenden Furor natürlich nicht:

«Lisa, du hältst es nicht aus. Das dusselige Vieh wird nur verwöhnt, egal was der macht. Er ist nicht stubenrein? Kein Problem! Es ist doch noch so klein, das Männlein! Neulich habe ich sie besucht, das schöne, alte Eichenparkett im Flur sah aus wie eine Luftaufnahme der Mecklenburger Seenplatte – alles vollgepieselt!»

Ich musste schallend lachen und versuchte Britta zu beschwichtigen. Zwecklos, natürlich. Sie war nicht zu bremsen.

«Hör auf zu lachen, Lisa. Meine Schwester fand das auch lustig. Was ist daran lustig, dass dieser kleine Fanta-Automat nicht ganz dicht ist? Oder bohnert man neuerdings sein Parkett mit Hundeurin? Und was Männlein alles zu fressen kriegt – frisches Fleisch vom Bio-Metzger, edles Tatar mit Eigelb! Geht's noch? Beim Gassigehen schnüffelt der an jeder Laterne unten rum, er frisst Gras und leckt zu allem Überfluss dem Labrador von gegenüber gründlich die Kimme sauber, aber zu Hause wird der Köter nach dem Reinheitsgebot gemästet!»

Ich unternahm noch einmal den Versuch, Britta davon zu überzeugen, dass es ihr doch egal sein könne, was ihre Schwester an den Hund verfüttere und wie sie ihn behandele. Außerdem schlug ich ihr vor, es im Zuge der geschwisterlichen Annäherung doch mal zu versuchen, sich in Ingas Welt hineinzuversetzen.

«Sieh die Welt doch mal durch ihre Brille!»

Britta rollte mit den Augen.

«Du meinst, ein Leben ohne Hund ist für meine Schwester ein Hundeleben? Naja, vielleicht hast du ja recht. Wenn es sie glücklich macht …!»

Die gute Britta. Am Ende hat sie das Herz immer auf dem rechten Fleck. Und es ist ja auch so: Alles, was uns glücklich macht, kann ja nicht so schlecht sein. Darum wollen Kinder ja auch immerzu spielen, Eis essen und möglichst viel Spaß haben. Als Erwachsener sieht das natürlich wieder ganz anders aus: Verantwortung, Beruf und tausend andere Pflichten dominieren unseren Alltag. Allerdings gibt es meiner Meinung nach auch eine Verpflichtung, die wir niemals außer Acht lassen sollten – das Kind in uns nie zu vergessen und ihm ordentlich Raum zu geben. Denn wie sagte schon der berühmte deutsche Schriftsteller Erich Kästner: «Nur wer erwachsen wird und Kind bleibt, ist ein Mensch!»

# Männliche Selbstüberschätzung
## und Frauenquote

Haben wir das Thema «Selbstüberschätzung bei Männern» schon mal in diesem Buch angeschnitten? Ja? Macht nichts, mit dem Komplex kann man nicht nur ein Buch, sondern ganze Buchhandlungen füllen. Deshalb ist es auch so schwer, an einen echten Kerl zu kommen, der sich zwar ein bisschen selbst überhebt, dabei aber gleichzeitig zur Einsicht fähig ist und durch Liebenswürdigkeit besticht. Oft trifft man gerade rund um die glitzernde Welt des Showgeschäfts auf wirklich merkwürdige Zeitgenossen.

Ich war mal vor langer Zeit Gast bei einer TV-Aufzeichnung. Die Macher besagter Sendung hatten es sich in den Kopf gesetzt, dass ich ein paar Quizfragen beantworten sollte. Und zwar nicht einfach so. Nein, es wurde richtig schräg. Ich sollte die Fragen beantworten, während ich von einer Wrestlerin kopfüber durch die Luft geschleudert werde. Falls ihr euch jetzt fragt, wieso ich bei so was mitmache: weil ich Quizshows liebe! Und Spielshows auch. Das ist immer ein bisschen wie Kindergeburtstag, und man kriegt auch noch Geld dafür. Die Nummer mit der Wrestlerin war aber sogar mir etwas suspekt. Vorsichtig ausgedrückt. Alleine schon die Wrestlerin warf ein paar heikle Fragen auf: War sie überhaupt eine staatlich geprüfte und zugelassene Wrestlerin oder eher aus einem dubiosen Versuchslabor entfleucht? Für mich sah diese Person eher aus wie der Grüffelo. Nur nicht so freundlich von der Ausstrahlung her. Aber eins musste man dem Transgender-Rübezahl lassen, sie wirbelte mich durch das Fernsehstudio wie eine Lottokugel im Ziehungsgerät. Dabei griff sie mir mit ihren Pran-

- 98 -

ken an tausend empfindliche Körperstellen und mixte mich durch wie Rubiks Zauberwürfel. Auf jeden Fall war sie kein Profi, denn es kam, wie es kommen musste. Irgendwann entglitt ich ihr beim Schleudergang, und Schwester Wrestler wirbelte mich mit voller Wucht kopfüber voraus auf die Turnmatte. Die Diagnose des herbeieilenden Studioarztes hätte auch Dr. Faust nicht treffender stellen können: Gehirnerschütterung. Ich wurde natürlich sofort aus der Sendung genommen und besorgt umhegt und gepflegt. Dem verantwortlichen Redakteur ging der Arsch mächtig auf Grundeis, weil er ordentlich Schiss hatte, dass ich mich ernsthaft verletzt haben könnte. Also kam er auf die glorreiche Idee, mich mit einem ultraluxuriösen VIP-Shuttle nach Münster ins Krankenhaus chauffieren zu lassen. Was mir ehrlich gesagt mehr als gelegen kam. Bloß weg von diesen Irren!

Also, der Wagen war wirklich VIP. Ein langer Maybach mit allem «Furz und Feuerstein»: dimmbare Leselampen, Marmoraschenbecher, Parkettboden hinten und eine Flasche Hohes C Milder Frühstückssaft in der Bar. Dazu eine Schachtel Weinbrand-Pralinen mit «feiner Zuckerkruste». Kurzum – die Sänfte hatte alles, was kein Mensch braucht. Der Fahrer schien mir viel eher das Haar in der Suppe zu sein. Er sah aus wie Tim Wiese im Neoprenanzug, wobei er sich beim Sprechen eher anhörte wie Thorsten Legat mit leichten Zündaussetzern. Was in meinem Zustand natürlich nur von Vorteil war, denn selbst mit Gehirnerschütterung und Schleudertrauma war ich mit seinem Satzbau nicht ansatzweise überfordert. Der junge Mann sabbelte die ganze Fahrt nur vor sich hin:

«Ey, geil, ey! Lisa Feller. Geil. In meiner Karre. Hammer! Lisa Feller, geil. Ey, der hat dich aber ganz schön auf die Matte geknallt.»

Trotz meiner Verletzung fühlte ich mich bemüßigt, den Sachverhalt richtigzustellen.

«Das war 'ne *die*!»

«Echt? Aber der hatte doch 'nen Schnäuzer!»

«Jaaaaa, er war aber trotzdem eine *die*.»

«Geil, ey!»

Ich war über diese Aussage spontan irritiert.

«Was ist denn daran geil? Stehst du auf Frauen mit Schnäuzer?»

Er kicherte glucksend und schaute mich keck im Rückspiegel an.

«Ja, wie der dich auf die Matte geknallt hat. Verstehste? Dich mal auf die Matte knallen. Auf die Matte knallen. Ich würd dich auch gerne mal auf die Matte knallen. Verstehste, was ich meine?»

Ich verstand, aber ich wollte nicht verstehen. Also machte ich mal zur Abwechslung einen auf doof.

«Nee, verstehe ich nicht.»

Er hatte mehr Geduld mit mir als ich mit ihm.

«Na ja, hier auf die Matte knallen. Weißte, was ich meine, ne?» Ich blieb dumm.

«Nee, weiß ich nicht.»

«Ich find dich schon ganz hot.»

Endlich ließ er die Katze aus dem Sack. Trotzdem blieb ich stur:

«Wie meinst du das?» Meine Strategie ging auf. Er wurde langsam ungehalten mit mir.

«Mann, du bist aber auch nicht so richtig auf Zack, wa? Na ja, aber du hast ja auch jetzt was am Kopp, ne? Aber den brauchst du ja auch fürs Knallen nicht. Verstehste, was ich mein, ne?» Ich war nur noch genervt.

«Nee.»

«Na ja, ich würd dich auch nicht von der Bettkante schubsen.»

Ich schwieg. Er dachte wohl, ich würde es mir überlegen und schwieg auch.

- 100 -

Ich war aber nur noch deprimiert. Da war ich schon seit Monaten im aktiven Suchmodus nach einer einigermaßen gut gelaunten, halbwegs intelligenten Rüttelmaschine, und dann passiert so etwas: Erst kloppt dich Godzilla auf die Matte, und danach versucht dich King Kongs dusseliger Bruder mit Quasselwasser ins Frottélaken zu labern.

Mir kam eine brillante Idee – Themenwechsel. Und Rollenwechsel, zumindest, was das Ausfragen anging.

«Was machst du denn so beruflich?»

Er pumpte sich auf.

«Da kommst du im Leben nicht drauf. Rate mal!»

Ich war mir plötzlich der Absurdität der Situation bewusst und davon abgesehen auch nicht gerade im Streichelmodus. Also riet ich nicht sonderlich nett:

«Du bist Profi-Scrabble-Spieler.»

«Was? Nein.»

«Du schneidest die Buchstaben für Russisch-Brot-Gebäck aus.» Jetzt hatte ich Spaß. «Du machst den Bruchzwieback bei Brandt. Du lernst das ABC-Pflaster auswendig. Du kontrollierst die Rechtschreibung in Buchstabensuppen.»

Jetzt wurde Monsieur ungeduldig und etwas unwirsch.

«Quatsch, alles Quark. Geiler, viel, viel geiler.»

Ich kam in einen kreativen Raterausch.

«Du bist der neue, aber noch nicht wiedergeborene Dalai-Lama!»

Entrüstet drehte er sich um.

«Nee, nichts mit Tieren. Ich mach's nur mit Frauen.»

Schockiert dachte ich: «Um Gottes willen, lass ihn bitte Altenpfleger sein.» Aber er konnte nicht mehr an sich halten und trompetete es triumphierend durch das Auto:

«Ich mach Escortservice. Gigolo, Callboy. Aber nicht so billig, weißte? Nein, nein – für so 'nen richtig geilen Escortservice. Nicht nur Rummachen und durchknattern, sondern auch mit Reden und so.»

Ich überlegte kurz, ob ich mich vor Verzweiflung einfach aus dem fahrenden Auto stürzen sollte. Aber das war es auch wieder nicht wert. Und dann lachte ich mich tot. Ich kicherte bis zu meiner Haustür durch. Selbst als mein Chauffeur mit der fetten Limo wieder im Nachthimmel von Münster verschwand, wischte ich mir noch die Lachtränen aus den Augen.

Was für eine Selbstüberschätzung! Diese aufgepumpte Stotterbremse erzählte was weiß ich von gehobenem Escortservice. Wo unsereiner an Richard Gere denkt, der fließend Jean-Paul Sartre zitiert und dich bei einem Glas Champagner in ein philosophisches Fachgespräch verwickelt, bevor er mit dir formvollendet das Kamasutra nachstellt. Escortservice! Damit konnte der Typ doch eigentlich nur seine alte Karre meinen. Da lobe ich mir doch meinen Nachbarn Karl-Heinz. Dessen realistische Selbsteinschätzung ist dagegen geradezu von weltmännischer Gelassenheit:

«Lisa, ich bin wie der Mond. Mal nehm ich ab, mal nehm ich zu, und alle vier Wochen bin ich voll.»

Da hat er aber erst mal ein dickes Küsschen von mir bekommen. Und ich war wieder versöhnt mit dem starken Geschlecht. Allerdings hielt dieser Zustand nicht lange an. Was aber definitiv nicht an Karl-Heinz lag. Sondern am Kita-Eltern-Stammtisch, genauer gesagt an Fränkie Schaller, dem Mann meiner ehemaligen Studienkollegin Gabi. Die Schallers sind beide herzensgute Menschen, aber Fränkie vergaloppiert sich gerne mal in der großen, weiten Welt der Politik und macht einen auf neunmalkluger Erklärbär. So auch an jenem Abend:

«Frauenquote. Das ist das Einzigste, was die da oben einführen können. Das gibt doch wieder nix.»

Ich wies ihn liebevoll zurecht:

«Fränkie, du Schlaubi Schlumpf. Wusstest du eigentlich, dass der Komparativ so ziemlich das Einzigste ist, was schwerer zu lernen is' wie der Superlativ? Die Frauenquote ist jedenfalls nicht eingeführt worden, weißt du? Tampons führt man ein. Die Frauenquote ist beschlossen worden. Und auch nicht von denen da oben. Sondern vom Deutschen Bundestag und von unserer Familienministerin Manuela Schwesig.»

Natürlich war Fränkie sofort beleidigt.

«Boah, du bist ja ganz 'ne Schlaue. Ladies and Gemplemenn! Aufgepasst, Arnold Einstein ist doch nicht tot. Hier steht er, direkt nach seiner Geschlechtsverwandlung. Manuela Schwesig!? Kenn ich nicht.»

«Macht nix, Fränkie, das wird ihr ähnlich gehen.»

Das alles war mir schon wieder so peinlich. Warum hatte ich nicht einfach die Klappe gehalten? Ich kannte doch das ganze Desaster zur Genüge von den Spieleabenden, wenn Fränkie nach drei Kannen Bier bei Trivial Pursuit nur noch Unsinn redete. Da wurde aus dem «Ural» schon mal eine Sexpraktik, aus Marie Curie eine indische Reispfanne und aus Addis Abeba eine Turnschuhmarke. Kurzum – mit viel Alkohol im Blut neigt Fränkie zu exzessivem Niveaulimbo. Aber, eine Frage, die mich seither immer noch beschäftigt: Wieso kennt der Manuela Schwesig nicht? Das wundert mich eigentlich. Manuela Schwesig ist doch so ein bisschen das «Sexy Beast» der Sozialdemokraten. So viel Scharfes gab es schon ewig nicht mehr in der SPD, mal abgesehen von Sigmar Gabriels drallen Brüsten. Dass Fränkie die nicht kennt, gut, das ist seine Sache. Aber was die Frauenquote angeht, sollten Männer vorsichtig sein.

Ich habe an dem Abend dann streitlustig die Mütter am Kita-Stammtisch angeschaut und mal nachgefragt bei den Damen:

«Irgendjemand von der Frauenquote betroffen? War z. B. eine von euch bis gestern noch Chefsekretärin, bis der Chef hereingekommen ist und gesagt hat: ‹So, Frau Schmidt, ab morgen tauschen wir dann die Plätze. Zeigen Sie mir doch bitte schon mal, wo die Kaffeefilter sind!?›»

Schweigen am Tisch. Hatte ich mir gedacht. Ein Thema für die breite Masse. Oder auch nicht.

Ich kam in Fahrt:

«Liebe Frauen, die Frauenquote ist toll. Und wichtig. Aber vielleicht hätte man direkt noch ein Gesetz beschließen sollen, nach dem Frauen, egal in welcher Position, dasselbe Geld verdienen wie Männer. Warum kriegen eigentlich immer die Männer mehr? Warum? Stellt euch mal Folgendes vor – wir Mütter von der Victoria-Beckham-Kita beschließen, dass die Männer per se erst mal 20 % weniger bekommen als die Frauen. Die haben ja schließlich keine Ahnung von Kindern. Was rufen die Kinder denn zu Hause? Mama! Wer sollte also das meiste Geld verdienen? Richtig. Mama! Frauenquote – das ist doch genauso ein Blendwort wie Fitnesssalat. Wenn ich den jetzt esse, muss ich dann heute Abend nicht mehr joggen?»

Ich kam nicht durch. Fränkie zeigte mir nur den Vogel, Gabi war zu Hause, und der Rest der Damen wollte nur über den neuen Praktikanten reden.

Zu Hause habe ich noch mal über die Frauenquote nachgedacht. Ich konnte für meine eher diffuse Kritik kein gutes Beispiel finden. Vielleicht versuche ich es mal so: Cerealien sind wichtig für die körperliche und geistige Entwicklung unserer Kinder. Und man will ja auch nicht – sagen wir jetzt mal vereinfacht –, dass die Kinder doof werden. Oder bleiben. Und später radebrechend vor einem stehen: «Mami, warum haben wir kein Abiturs?» Soll ich dann heulend antworten: «Weil wir kein Geld für Cerealien hatten, meine Söhne.» Also, verstanden? Cerealien sind wichtig, aber nur ein kleiner Beitrag.

Aber das muss die Manuela Schwesig nicht interessieren. Die ist blond, läuft immer auf hohen Hacken rum und macht immer viele, viele bunte Selfies. Sie ist mittlerweile sogar Ministerpräsidentin und Vize-Vorsitzende der SPD. Aber reicht das? Fränkie kennt sie trotzdem nicht. Dafür müsste sie aber wahrscheinlich auch eher in einem obskuren Erotikstreifen mit dem Titel *Dirty Manu und die geilen Luder von der Ponyfarm* mitspielen.

Aber kannte Gabi die etwa auch nicht? War Gabi denn genauso wenig an der Frauenquote interessiert? Ich hab sie am nächsten Tag danach gefragt. Ihre Antwort war eindeutig:

«Hä? Schwesig? Politikerin? Das ist ein Bundesland, Lisa. Schwesig-Holstein, kennt man doch!»

Konsterniert schaute ich sie an. Und entschied mich instinktiv für eine andere Marschrichtung:

«Ach, echt? Na, so was. Sag es Fränkie nicht, Gabi … aber ich hab ihm gestern erzählt, das wäre eine Politikerin!»

Wir lagen uns endlich lachend vereint in den Armen. Die gute Gabi japste geiernd nach Luft:

«Hat er geglaubt, wa? Kennst doch Fränkie. Herzensgut, aber nicht der Schlauste.»

Seit dem Tag bin ich doch für die Frauenquote. Vielleicht ist es nicht das Schlaueste, aber zu wichtig, um es den Fränkies dieser Welt zu überlassen. Danke, Manuela Schleswig.

# Mottoparty Reeperbahn –
## oder: Der Catsuit ouvert

Meine beste Freundin Britta feierte vor gar nicht langer Zeit zum gefühlt zehnten Mal ihren 39. Geburtstag. Nicht, dass ich nicht wüsste, wie alt Britta in Wirklichkeit ist. Ich würde sogar sagen: Ich weiß natürlich ganz genau, wie alt Britta ist. Aber ich will sie vor ihrer ganzen Schickimicki-Clique auch nicht reinreißen und jedes Mal genervt die Augen verdrehen, wenn die Gute mal wieder nach drei Maß Prosecco kokett flötet: «Geburtstag ist ja noch lange kein Grund, älter zu werden!»

Ich weiß allerdings mit hundertprozentiger Gewissheit, dass in Brittas Geburtsurkunde noch alle Eckdaten in geschwungener Schreibschrift, königsblauer Tinte und mit Füller eingetragen wurden. Sie wollte ja damals unbedingt meine Trauzeugin sein.

«Liebelein, ich bringe dir Glück, du wirst sehen!»

Mein dezenter Hinweis nach der Scheidung, dass das mit dem Glück ja wohl nicht so ganz geklappt hätte, wollte sie auch so nicht gelten lassen:

«Schätzchen, natürlich habe ich dir Glück gebracht. Du weißt doch, verheiratete Frauen leben zwar länger als nicht verheiratete – wollen aber eher sterben! Also, sag schön danke und freue dich.»

Ach, Britta. *Still crazy after all these years*, egal wie viele Lebensjahre es denn nun genau sind. Sie feiert einfach wahnsinnig gerne und am liebsten eine Mottoparty. Britta liebt Mottopartys. Je bekloppter das Motto, desto legendärer die Partys. Und ganz wichtig für unsere Femme fatale: Es muss unbedingt frech und frivol zugehen. O-Ton Britta: «Briefmarken-Party? Warum nicht, Hauptsache, es wird fleißig gestempelt. Musketier-Party? Super, ein Dreier. Einer für alle, alle auf einen!»

Aber um das noch mal klarzustellen – Britta ist bei aller Durchgeknalltheit und trotz ihres immensen Männerverschleißes eine wunderbare, treue Freundin, die mich noch nie im Stich gelassen hat. Und darum liebe ich sie und mache den ganzen Blödsinn einfach mit, auch wenn es mir manchmal nicht leichtfällt. Wie vor ein paar Wochen, als Britta mir freudestrahlend das Motto ihrer Geburtstagsparty verkündete: Reeperbahn-Party!

Um Himmels willen! Ich war alles andere begeistert. Als was sollte ich denn da bloß gehen? Fieberhaft dachte ich nach. Olivia Jones? Ist mir eigentlich zu viel Schminke. Und überhaupt, so ein Kostüm spare ich mir besser für die nächste Sesamstraßen-Party auf, da gehe ich dann als Bibo. Außerdem fehlen mir da auch 20 Zentimeter Länge. An Körpergröße vor allem. Irgendwann hatte ich jedenfalls keinen Bock mehr, mir den Kopf zu zerbrechen, also habe ich mich für das Naheliegende entschieden: Na klar, dann gehe ich eben als leichtes Mädchen! Oder um dieses schöne Wort vergangener Zeiten zu bemühen: Bordsteinschwalbe. Luder-Lisa – ja, nee, is' klar. Schon fertig. Das übliche Zeug halt und bloß kein Klischee auslassen. Netzstrumpf-Catsuit, schwarzer BH drunter, Minirock, Overknee-Lackstiefel. Bums, aus. Im wahrsten Sinne des Wortes. Kleines Problem nur – wo kriegt man das ganze Zeug her? Allem voran den Catsuit? Logisch, im wunderbaren Internet. Amazon ist ja so praktisch. Auf keinen Fall kaufe ich so einen Erotikkram persönlich. Das ist mir viel zu peinlich. Um Gottes willen! Ich geh doch nicht in irgendeine Schmuddelbude und frage nach so einem Pornofummel. Ich werde ja schon rot, wenn ich mir bei Hunkemöller neue Unterwäsche kaufen muss. Da gibt es gar nichts zu lachen – ich bin in solchen Angelegenheiten so schüchtern, dass ich selbst beim BH-Kauf gerne behaupte:

«Der ist für meine Freundin.» Das geht sogar so weit, dass ich die Kinder zum Drogeriemarkt schicke, wenn ich neue Tampons brauche. Natürlich habe ich meinem Ältesten erklärt, wofür ich die Dinger brauche. Wenn ich auch eher vage geblieben bin: «Ach, die braucht die Mama, wenn sie mal blutet.» Was zur Folge hatte, dass er beim nächsten Nasenbluten auf dem Spielplatz schnell nach Hause gelaufen ist und sich im Badezimmer zwei davon in die Nase geplombt hat. Auf dem Spielplatz zurück war das unter den Kindern ein großer Lacherfolg, ein paar Mütter waren allerdings etwas irritiert und leicht pikiert. Ich hingegen fand das auch eher lustig, ich bin ja nur beim Kaufen etwas verschämt. Keine Ahnung, warum das so ist, denn eigentlich bin ich gar nicht so zugeknöpft. Aber egal, ich schweife ab.

Also, klare Sache – das Netzstrumpfteil wird im Internet gekauft. Dafür wurde das ja praktisch erfunden. Netzanzug im Netz bestellen! Siehste! Du bestellst gesichtslos vom Schreibtisch aus. Schön bequem und diskret. Ja, denkste! Pustekuchen. Amazon ist mitteilsamer als jede Litfaßsäule. Tracking und personalisierte Kaufempfehlungen machen den Einkauf in der Bezos-Bude zum Spießrutenlauf. Ich dachte, ich falle vom Stuhl: «Hallo Lisa! Der von dir bestellte ‹Catsuit Pussyfree Performance› wird oft zusammen gekauft mit dem ‹Rex Dildo Royal›. Kunden, die ‹Lackstiefel Black Domina› gekauft haben, interessieren sich auch für ‹Erotik-Lüsterklemmen Nippel Powerstrong›.» Oh mein Gott! Ich sah schon die gesamte Amazon-Belegschaft in der Mittagspause feixend über meine Bestellung tratschen. Und die Kinder erst! Wenn die beim nächsten Mal irgendein Comic-Buch suchten, poppte da am Rande gleich «Werbung für Lisa» auf: Fix & Fotzi – 20 Hardcore-DVDs für 69,– Euro! Nein, nein, nein. Das kam gar nicht in Frage. Auf keinen Fall kaufte ich dieses Zeug im Internet – zu viele unauslöschbare Spuren, zu viele Mitwisser!

Okay, also doch analog in die Stadt gehen. Den guten, alten Einzelhandel stärken. Ist ja auch richtig so und ein wichtiger ökonomischer Beitrag. Ab ins Kaufhaus, zack in die Strumpfhosen-Abteilung, bezahlen und fertig. Problem nur: So einen Netzstrumpf-Catsuit kriegst du nicht einfach bei C & A. Ich habe ja gefragt. Das war vielleicht peinlich! Nachdem ich festgestellt hatte, dass im Falke-Regal nur sittsame Ware angeboten wurde, entdeckte ich eine ältere, rundlich-robuste Verkäuferin und sprach sie in gedämpfter, dem Thema angemessener Lautstärke an:

«Äh, haben sie so … so, ja wie sagt man das jetzt … so einen … sagen wir mal … Ganzkörperanzug aus Netz?»

Verwirrt und etwas angestrengt schaute sie mich an.

«Was suchen Sie? Ich habe Sie kaum verstanden!»

Mein Gott, spreche ich Kisuaheli? Hat die Ohropax-Trommelfelle? Ich versuchte es etwas lauter und deutlicher.

«Ich suche so einen Catsuit aus Netz.»

Sie drehte sich um. Und blökte so laut wie ein Kirmes-Losverkäufer quer durch die Abteilung:

«Ulla, haben wir so 'nen Catsweet?»

Ulla war offensichtlich nicht nur zwanzig Meter von uns entfernt, sondern auch taub. Und dröhnte zurück.

«Watt?»

Jetzt schrie die Verkäuferin, neben der ich stand, noch lauter.

«Ja, so ein Catsweet, so ein Netzding, wie die das in so Ruckelfilmen immer anhaben!»

«In watt für Filmen?»

«In Poornooos!»

«Ach so, sach datt doch! Catsweet … so 'n Sexy-Strampler? Keine Ahnung, vielleicht bei Arbeitskleidung?!»

Ich befreite mich aus meiner Schockstarre und versuchte, einen weiteren Dialog zu unterbinden:

«Ist schon gut, okay. Danke, ich gehe. Tschüs!» Aber die beiden Verkaufsdinos gaben nicht auf.

«Nein, warten Sie – unsere Jacky, die weiß das bestimmt. Die is' 'n bisschen jünger wie ich!»

Begeistert von ihrem Geistesblitz rammte sie mir ihren Ellenbogen in die Seite und strahlte mich an wie ein Lachgummi. Dann brüllte sie so laut wie Godzilla auf der Suche nach seinem letzten Baby-Ei nach besagter Jacky.

Auftritt Jacky, die tierisch genervt von der Brüllerei auf uns zukam. Mit verkniffenem Gesicht musterte sie mich angestrengt. Es arbeitete in ihrem Hirn, ich konnte die Räder förmlich rotieren hören. Dann hellte sich ihre Miene auf, und sie blickte mich freudig an:

«Ach, ich kenn Sie doch!»

Ich reagierte prompt:

«Nein! Auf keinen Fall.»

Jetzt mischte sich Ulla wieder ein, die ihren Platz verlassen hatte und herbeigeeilt war.

«Jacky, kumma, die Kundin sucht so 'nen Cat... Catswu... Netzcat... hier, so 'ne Erotikstrumpfhose aus Netz.»

Aber Jacky hörte Ulla gar nicht zu. Triumphierend hob sie den Finger und strahlte mich an:

«Doch, ich kenn Sie. Sie sind doch Lisa Feller. Hab Sie doch schon mal nachts im Fernsehen gesehen.»

Ich versuchte eine klägliche Ausrede.

«Mit der werde ich häufig verwechselt. Aber glauben Sie mir bitte – Lisa Feller, die würde so was doch nie kaufen. Nie, hören Sie? Dazu ist die viel zu brav und zu lieb, die Lisa Feller.»

Plötzlich wurde Ulla wieder wach.

«Ach, was machen Sie denn da im Fernsehen? Diese Werbung für diese Sex-Hotlines? Ruf mich an und so? Und dafür brauchen Sie diese Catsweets?»

- 110 -

Ehe ich verzweifelt verneinen konnte, sprang Jacky ein.

«Nee, Ulla, die Frau Feller moderiert den Comedy Contest, das ist was zum Lachen. Das ist nicht untenrum.»

«Danke, Jacky», sagte ich matt, «aber geht das auch leiser?»

Plötzlich hatte Ulla eine Idee.

«Frau Feller, wissen Sie, wo Sie das kriegen?»

Ich schüttelte den Kopf und murmelte:

«Psst, schreiben Sie es mir einfach auf.»

Jacky zupfte mich geistesgegenwärtig am Arm.

«Kann ich gleich noch ein Autogramm haben?»

«Ja», stöhnte ich dem Nervenzusammenbruch nahe, «aber ich habe jetzt zufällig nur Karten von dieser Lisa Feller dabei.»

Vier Autogramme (für Kiki, Tikki, Wemmsi und Marvin!) sowie drei Selfies später (Ulla und ich, Jacky und ich, Ulla und Jacky und ich), verließ ich C & A endlich als zitterndes Nervenbündel mit dem heißen Tipp von Ulla, den «Catsweet» doch bei einem dieser Novum-Erotikmärkte zu kaufen.


Im Auto warf ich drei Baldrianpillen ein und googelte erst mal «Novum in Münster». Wobei mir klar war, dass ich die Läden in Münster auf keinen Fall betreten würde. Aber 70 km weiter in Hamm, wo ein guter Freund von mir wohnt, gab es wohl einen Novum-Shop direkt an der Autobahn. Nicht gerade superzentral, dafür aber gut erreichbar. Diese Läden liegen zwar ganz gerne mal etwas versteckt, aber immer noch so, dass man sie gut findet. Auf dem Weg nach Hamm dachte ich noch so: «Ey, Britta, du und deine scheiß Mottopartys.» Und mich begleitete die bange Frage: «Was würde mich nach dem Desaster bei C & A jetzt erwarten?» Panisch überlegte ich, wie ich mich tarnen könnte. Es war ein heißer Juli-Tag, also konnte ich unmöglich mit Mütze und Anorak da reingehen, die ich im Übrigen sowieso nicht dabeihatte. Sonnenbrille auflassen? Damit fiel man in geschlossenen Räumen ja wohl noch mehr auf. Irgendwann stand ich dann auf dem Parkplatz vor der Bumsbude. Zusammen mit vielen LKWs.

Unheilschwanger lag das flache Gebäude wie eine verbotene Burg der Ferkeleien in der prallen Nachmittagssonne. Schon diese verdunkelten Scheiben! Ich sprach mir Mut zu und stiefelte scheinbar zufällig auf den Eingang zu. Mir stockte der Atem. Wer weiß, wie es hinter diesen Mauern zuging? Sodom und Gomorrha? Krochen da vielleicht irgendwelche SM-Freaks mit Skimasken vor dem Gesicht und Rottweiler-Stachelhalsbändern um den Hals auf allen vieren durch gekachelte Gänge? Gab es zügellosen Gruppensex vor dem Pornoregal? Ringelpiez mit Anfassen in runtergekommenen Schüttelkabinen? Mir brach der komplette Schweiß aus, und zwar nicht nur wegen der Sonne. In meinem Kopf ploppte ein riesengroßes Warnschild auf: «Achtung! Türgriff nicht anfassen! Hier haben schon 864 usbekische Lastwagenfahrer ihre verkrümmten Wichsgriffel abgeschubbert.» Verwaiste DNA-Schlieren würden meine reine Haut kontaminieren. Und wer konnte mir garantieren, dass nicht irgendein verstrahlter Knauf-Fetischist noch vor 10 Minuten den Türgriff abgeleckt hatte? Wahrscheinlich konnte man von eventuell frischem Erbgut auf der Klinke sogar noch schwanger werden oder sich Werweiß-was einfangen. Multiresistente Keime. Ich sah mich schon mit einer Art Orgel-Ebolavirus angesteckt und entstellt in einem Schutzanzug elendig dahinsiechen. Wie bei diesem Film damals, bei *Outbreak*. Schüttelfrost und Panik krochen in mir hoch. Dann aber meldete sich mein Verstand und schnauzte mich an: «Peinlich, Lisa, sind nur deine schrecklichen Vorurteile und lächerlichen Wahnvorstellungen. Jetzt komm mal runter. Das ist ein ganz normales Geschäft, und da ist garantiert alles in Ordnung. Sonst hätte das Gesundheitsamt die Bude doch schon längst versiegelt.»

Trotzdem fummelte ich umständlich ein Taschentuch aus der Hosentasche, da ich auf keinen Fall den Türgriff berühren wollte, Gesundheitsamt hin oder her. Als die Tür aufging, hielt ich den Atem an, schloss die Augen und trat todesmutig ein. Ich war schockiert, aber eher positiv. Nachdem ich die Augen wieder geöffnet hatte, stellte ich nämlich fest, dass es in dem Sündenpfuhl eigentlich sehr hell und relativ freundlich aussah. Des Weiteren waren weit und breit weder kopulierende Menschen noch bucklige, wild onanierende Gestörte mit wirrem Blick zu sehen. Stattdessen ein Pärchen Mitte 50, ein paar junge Leute und ich. Neugierig schaute ich mich um. Gar nicht so uninteressant. 2000 Ruckelfilme und 100 Dildos, die genauso bunt und unschuldig aussahen wie die *My-little-Pony*-Sammlung meiner kleinen Nichte. Dazu jede Menge Klamotten. Und ich muss sagen: Dieser Catsuit, den ich haben wollte, war eindeutig noch das Harmloseste von allem. Erleichtert stiefelte ich zu einer Verkäuferin in meinem Alter und sagte nicht mehr ganz so schüchtern: «Ich hätte gerne einen Catsuit.» Gelangweilt Kaugummi kauend drückte sie mir zur Begutachtung drei kleine Packungen in die Hand. Völlig vertieft in die Frage, welchen ich denn jetzt nehmen sollte, bemerkte ich gar nicht, wie mir plötzlich jemand von hinten auf die Schulter tippte. Ich erschrak fast zu Tode, als mich eine freundliche Stimme ansprach:

«Frau Feller? Hallo, Frau Feller! Na, das ist ja ein Zufall!»

Der Ohnmacht nahe dachte ich nur noch:

«Oh Gott, bitte lass es Jacky sein … oder Ulla.»

Aber Gott war gerade nicht in Bitt-Stimmung, darum drehte ich mich um und blickte in das begeisterte Gesicht von Frau Hartmann, der Grundschullehrerin meines Sohnes. Augenblicklich schaltete ich auf freundlich und tat so, als hätten wir uns zufällig an der Theke beim Bäcker getroffen.

«Ach, Frau Hartmann, was machen Sie denn hier?»

Eine gelungene Eröffnung, denn jetzt war sie erst mal dran. Und prompt wurde sie hektisch und fing etwas verlegen an zu plappern.

«Äh, tja, es ist nicht so, wie Sie ... äh ... vielleicht denken, ich suche nichts für mich. Wissen Sie, meine Tochter reitet doch so gerne. Und hier sind die Reitgerten einfach viel günstiger als in diesen teuren Reitgeschäften!»

Neugierig schaute sie auf die Packungen in meiner Hand.

«Und Sie? Zeigen Sie mal, was haben Sie denn da?»

Resolut nahm sie mir die Dinger einfach aus der Hand und las betont langsam, aber leider laut vor:

«Catsuit ouvert ... ouvert, was heißt denn das?»

Ich zuckte mit den Achseln und vergaß drei Jahre Französisch-Unterricht.

«Ja, ouvert ... Das ist wahrscheinlich der Name ... Die Frau hat mir das so gegeben. Keine Ahnung?!»

«Aaaah, ich hab's!» Frau Hartmann meldete sich triumphierend. «Das Ding ist unten im Schritt offen! Hm, ist Ihnen das nicht zu kalt? Da würd ich aber noch 'n Büxken drüberziehen, sonst kriegen Sie noch eine Blasenentzündung.»

Fast gerührt von solcher Fürsorge versuchte ich nun meinerseits zu erklären, warum ich eigentlich hier war.

«Ich brauche diesen Kram eh nur für eine Party. Genauer gesagt für eine Mottoparty. Das Motto ist ‹Reeperbahn›.»

Jetzt wurde Frau Hartmann geradezu forsch und taute sichtlich auf.

«Mottoparty ‹Reeperbahn›, Frau Feller? Und unten offen?» Irritiert registrierte ich, wie sie mir verschwörerisch mit dem linken Auge zuzwinkerte.

«Hören Sie mal, das hört sich ja flott an. Das ist ja wirklich eine

- 114 -

ganz tolle Idee. Das muss ich mal meinem Mann vorschlagen. Für unseren Swingerclub. Na, dann machen Sie es mal gut, Frau Feller. Wir sehen uns ja bald beim Elternsprechtag. Viel Spaß mit dem Catsuit. Tschühüs!»

Sprach's, nahm ihre drei Reitgerten und verschwand. Ganz ehrlich – ich weiß bis heute nicht, ob die mich verarscht hat. Frau Hartmann im Swingerclub. Ich kriege es nicht zusammen. Und wenn überhaupt ist die wahrscheinlich nur der Kassenwart.

Das Ende von der ganzen Aktion ist schnell erzählt. Brittas Mottoparty war ein voller Erfolg, allerdings nicht für mich. Ich hätte auf Frau Hartmann hören sollen. Ich habe mir eine saftige Blasenentzündung geholt, es hat nämlich dank des unten offenen Catsuits gezogen wie Hechtsuppe. Ich stand die ganze Zeit nur mit verschränkten Beinen herum und habe verzweifelt versucht, mit meinen Händen mein Untergeschoss abzudichten. Britta war *not amused*:

«Als was gehst du denn, Lisa? Das sieht ja nicht gerade sexy aus, wie du da stehst. Was soll das darstellen?»

Ich antwortete leicht verschnupft, aber wahrheitsgetreu:

«Wonach sieht das denn wohl aus, liebe Britta? Richtig, mein Schatz! Ich gehe als Zuhälter!»

# Die neue Freundin

Wir alle werden jeden Tag älter. Einigen meiner Freundinnen ist das egal, die cremen sich einfach einmal am Tag mit Nivea ein und altern, wie die Natur es ihnen zumutet. Andere wiederum hadern und unternehmen alles, um der Natur ein Schnippchen zu schlagen. Zu denen zählt auf jeden Fall Britta. Die Gute ist ja schon einen Schlag älter und mag es deswegen gar nicht so gerne, wenn man die Aufmerksamkeit aufs Gesicht legt. Und weil sie so ist, polarisiert sie dementsprechend. Freund und Feind, jeder arbeitet sich bei diesem Thema an ihr ab. Gerne auch mal böse und hämisch. Frauen können sehr hinterhältig sein. Das ist bedauerlich und beklagenswert. Manchmal aber auch amüsant. Ich war zum Beispiel mal mit Britta auf der Geburtstagsparty einer gemeinsamen Freundin. Auch vor Ort war Kerstin. Britta und Kerstin pflegen seit jeher eine leidenschaftliche Hassliebe zueinander. Weil Kerstin Britta irgendwann mal das Förmchen im Sandkasten geklaut hat. Oder so. Es weiß einfach niemand so genau. Wahrscheinlich hat Kerstin Britta mal einen Kerl ausgespannt, den Britta eh nicht wollte. Wenn die beiden aufeinandertreffen, weiß man jedenfalls nie: Enden sie Arm in Arm voll wie 10 Bauarbeiter unter der Brücke und planen, nach Las Vegas zu fahren, um zu heiraten – oder kratzen sie sich gegenseitig die Augen aus? Weshalb wir vor jeder Party zittern: Laden wir sie nun beide ein oder nicht? Kerstin ist noch älter als Britta, tut aber ganz bewusst nichts dagegen. Deswegen sind ihr Brittas kleine Botoxabenteuer sowie ihre ultrateure Anti-Aging-Creme-Sammlung völlig unverständlich. Man hat fast das Gefühl, sie fühlt sich persönlich davon angegriffen. Kerstin fängt Gespräche über Britta gerne so an:

- 116 -

«Also, man kann über Britta sagen, was man will. Aber die Figur ist ein Triumphbogen. Sensationell! Okay, dafür ist sie im Gesicht eher die Klagemauer!»

Britta schenkt ihr natürlich nichts. Was Kerstin angeht, spricht auch sie gerne in Bildern.

«Das Gesicht dieser Frau ist so kaputt wie ein albanischer Fischkutter, die Brüste nutzen die Schwerkraft wie die hängenden Gärten der Semiramis und mit ihrer Figur darf sie nicht in den Zoo, wenn die Elefantenbullen rollig sind. Die ganze Frau ist total unpraktisch. Der Arsch ist so dick, die kannst du noch nicht mal eintuppern. An ihrer Stelle würde ich den Ball ganz flachhalten, was das Aussehen unserer Mitmenschen angeht!»

Jetzt kamen wir also auf diese Party. Britta wurde von Kerstins Mann Frank mit einem anerkennenden Blick bedacht, denn Frank steht auf Frauen in Pumps und Jeans. Klar, weil Kerstin das nicht im Programm hat. Und weil Britta das auch weiß, hatte sie mindestens Zehn-Zentimeter-Absätze und die allerneuste Super-Slim-Fit-Designerjeans an. Ich weiß nicht, wie sie da reingekommen ist, für mich sah das aus wie aufgemalt.

Auftritt Britta in ihrer heißen Top-Buxe. Kerstin hatte Franks Blicke natürlich auch mitbekommen und war schon auf 180:

«Was hast du denn da für 'ne komische Hose an? Frank sagt zu so was immer DDR-Hose.»

Dann lachte sie beifallheischend in die Runde. Es lachte allerdings niemand so richtig mit, denn jeder fürchtete Brittas scharfe Lästerzunge. Britta exte ihren Prosecco, drückte Kerstin das leere Glas in die Hand und antwortete mit vor Hohn triefender Stimme:

«Ja, Kerstin, der Frank ist aber auch wirklich ein echter Modeexperte. Deswegen nennt er dich ja auch immer Topmodel. Apropos Model – sag mal, Kerstin, wie war denn dein Foto-Shooting als das neue Michelin-Männchen?»

Bäm! Das hatte gesessen. Kerstin verstummte und zog sich mit Inge, einer ihrer Genossinnen vom Anti-Britta-Club, zur Lagebesprechung in die Küche zurück. Die erste Runde hatte Britta klar nach Punkten gewonnen. Aber Kerstin hatte noch lange nicht genug, und dieses anfängliche Scharmützel war natürlich erst der Auftakt für weitere Boshaftigkeiten gewesen. Später saßen wir noch mit ein paar Leuten zusammen, darunter Kerstin, Frank, Inge und deren Freund Tobi. Britta kippte unterdessen rein an Bowle, was ging, und kündigte feuchtfröhlich an:

«Mal gucken, wer Mutti heute noch ein bisschen gute Laune in den Schlüpper plästert.»

Inge verschluckte sich heftig und blickte uns völlig konsterniert und angewidert an.

«Du immer mit deinem Sex. Dieses ewige Rumgemache wird doch total überbewertet.»

Britta guckte nur belustigt und fuhr ihr über den Mund:

«Ja, kann schon sein. Aber nur von Leuten, die nicht vögeln. Oder, Tobi?»

Tobi wurde kalkweiß und nervös. Das war vielleicht ein bisschen hart von Britta, aber was Inges und Tobis Sexleben betraf, hatte sie auf jeden Fall recht. Es war ein offenes Geheimnis, dass selbst Pandas im Zoo mehr Geschlechtsverkehr hatten als die beiden. Bei denen wurde im Schlafzimmer tatsächlich nur geschlafen. Kerstin sprang den beiden zur Seite:

«Tobi, antworte ihr nicht. Sie wird immer so primitiv, wenn sie getrunken hat. Britta, Treue und Liebe – davon hast du doch keine Ahnung. Glaubst du etwa, Tobi … »

Britta lachte laut auf.

«Kerstin, wie süß. Nein! Natürlich nicht! Ich glaube, dass Tobi gar nicht weiß, wofür er überhaupt einen Penis hat.»

Ich versuchte, die Lage zu befrieden und wollte ganz unbedingt aus dieser Situation raus! Ich wandte mich also an Britta und sagte:

«Äh, Britta, ich denke schon, dass Tobi das weiß. Wir fahren jetzt mal besser.»

Aber kein Anschluss unter dieser Nummer. Britta schnappte sich das nächste Glas und war nicht mehr zu stoppen.

«Ach Lisa, du hast natürlich vollkommen recht! Ich bin ein Dummerchen, natürlich weiß Tobi, dass er einen Penis hat. Weil er ja ständig Pipi macht!»

Das war der Punkt, an dem Kerstin uns rausgeschmissen hat. Um genau zu sein, nicht mich, sondern Britta. Aber ich konnte Britta ja nicht so stark angetrunken, laut fluchend und alleine auf zehn Zentimeter hohen High Heels durch Münster nach Hause taumeln lassen. Das macht man nicht mit einer alten Freundin, auch wenn sie sich schlecht benommen hat. So etwas Gemeines macht man allerhöchstens mit einer neuen Freundin. Und auch nur, wenn sie die neue Freundin deines Ex-Mannes ist.

Aber schön der Reihe nach. Tabea, so wurde es mir aus den wie gewöhnlich gut unterrichteten Kreisen zugetragen, wurde eine ganze Weile nach unserer Trennung seine Neue. Wie soll ich sie beschreiben? Ich fand sie natürlich von Anfang an doof. Was allerdings ziemlich albern ist, denn ich kannte sie ja eigentlich gar nicht. Aber allein weil sie die Neue war, fand ich sie doof. Dabei konnte sie wahrscheinlich ganz nett sein. Aber genau deshalb fand ich sie erst recht doof. Es war zum Verrücktwerden. Ich schwankte permanent zwischen Schamgefühl und angesäuerter Aggression. Ganz am Anfang traf ich Tabea mal durch Zufall in der Stadt. Das war schon ein komisches Gefühl. Ich murmelte verlegen:

«Hi, das ist ja mal ein witziger Zufall.»

Was natürlich totaler Blödsinn war. Ein Linienbus voller Albi-

- 119 -

nos, das ist ein witziger Zufall. Tabea war allerdings genauso unsicher wie ich.

«Na, Lisa, biste auch einkaufen?»

Huh, das war ja auch nicht gerade originell. Ich dachte: «Nein, ich mach gerade einen Zoobesuch, du Schlauköpfchen», sagte aber etwas noch Dümmeres:

«Ach, musst du ihm auch seine Hemden kaufen?»

Sie lächelte schief, aber selig. Und etwas dümmlich verliebt.

«Kaufen ja, aber er weiß wirklich immer genau, was ihm steht. Er ist halt ein echter Kerl.»

Ich hätte mir in den Hintern beißen können und wollte nur noch so schnell wie möglich weg.

«Jahaha, das weiß er. Du, ich sehe gerade, mein Bus kommt da vorne! Tschühüs!» Tabea guckte etwas befremdet, was ich gut verstehen konnte, denn die nächste Bushaltestelle war ungefähr eine Viertelstunde entfernt. Aber ich hatte keine Lust auf weitere Sprüche der Sorte «er weiß genau, was ihm steht». «Pass auf, Tabealeinchen», dachte ich, «das mit dem Stehen, das legt sich ganz schnell wieder. Nach der Sexflut am Anfang kommt in einer Beziehung nämlich meistens die Beischlafebbe.» Und was hieß denn überhaupt «ein richtiger Kerl»? Dann war King Kong auch ein richtiger Kerl. In die Richtung hatte sich mein Ex nämlich am Ende unserer Beziehung entwickelt. Zumindest, was seine Körperpflege betraf. Unsere Putzfrau wollte ihn zweimal übers Balkongitter legen, weil sie dachte, *er* wäre die Bademmatte.

Aber Tabea befand sich eindeutig noch im Märchenprinz-Stadium. Und dieser Zustand dauerte offensichtlich länger an, als ich es ihr gegönnt hätte. Die Kinder lernten sie kennen und was noch schlimmer für mich war: Sie mochten sie sogar. Was natürlich gar nicht schlimm ist, sondern gut. Aber das konnte und wollte ich mir auf keinen Fall so richtig eingestehen. Meine Kinder brauchten schließlich keine zweite Mama! Wunschdenken. Die Realität sah anders aus.

Da passierte es zum Beispiel, dass ich mit den Kids im Auto saß und andauernd von der Rückbank «Hey, sexy Lady» gebrüllt wurde. Halb amüsiert, halb genervt dachte ich: «Na prima, jetzt ist dieser alberne ‹Gangnam Style› auch schon im Kindergarten angekommen.» Trotzdem fragte ich eher wohlwollend nach hinten: «Sagt mal, singt ihr das jetzt immer im Morgenkreis oder was?» Die Kinder kicherten und belehrten mich eines Besseren.

«Nein, Mama, das sagt der Papa doch immer zu der Tabea.»

Das war so ein Moment, für den ich betroffenen Leserinnen und Lesern zwei Sachen vorbeugend empfehlen möchte:

1. Ein Fahrsicherheitstraining, um den Wagen so ganz nebenbei wieder unter Kontrolle zu bringen, nachdem man das Lenkrad verrissen hat.

2. Einen Schauspielkursus, um die Gewaltphantasien locker überspielen zu können, während man ganz liebevoll fragt: «Aha … wann sagt er das denn immer zur Tabea?»

Mein Großer antwortete begeistert:

«Na immer, wenn wir alle zusammen kuscheln.»

Jetzt meldete sich auch mein Jüngster und fiel seinem Bruder besserwisserisch ins Wort.

«Oder wenn sie aus der Dusche kommt. Der Papa hat die Tabea nämlich ganz doll lieb. Und wir auch.»

Die Sätze trafen mich wie zwei Messerstiche direkt ins Herz – aber ich ließ mir nichts anmerken.

«Soooo, das ist ja … »

Doch ehe ich noch etwas sagen konnte, sprudelte es weiter unschuldig aus dem Kind hervor.

«Ja, die Tabea ist voll lieb. Die sagt immer ‹Knuffels› zu uns, und abends knubbeln wir uns beim Vorlesen immer auf dem Sofa zusammen. Und der Papi sagt immer ‹mein Tabärchen› zu ihr.»

Ich weiß nicht mehr, wie ich die Autofahrt nach Hause und die Zeit bis zum Schlafengehen rumbekommen habe, ohne vor Wut durchzudrehen, aber Veronica Ferres hätte bestimmt einen Film daraus gemacht. Wahrscheinlich den emotionalsten ihrer Karriere. Als die Kinder endlich schliefen, rief ich sofort Britta an und reagierte mich ab:

«Das Tabärchen. Du, ich könnt vor Freude in den Garten kotzen. Das Tabärchen! Tabea, das klingt doch sowieso schon wie ein beschissenes homöopathisches Kügelchenmedikament. Tabea agrentum D12. Gegen nässenden Hautausschlag und Hirndermatitis. Wieso kuschelt die mit meinen Kindern? Die tickt ja wohl nicht mehr ganz richtig. Britta, jetzt stell dir das bitte mal vor, die kommt da nackt aus der Dusche spaziert! Geht's noch? Die zeige ich an, die dumme Kuh!»

Zwei Stunden später ging es mir besser, und ich legte auf. Ich schätze, Britta hatte nach einer halben Stunde eh schon den Hörer danebengelegt. Weil ich in meiner überflüssigen Raserei nicht zu stoppen und für vernünftige Argumente wie «aus der Dusche kommt man immer nackt» ja gar nicht zugänglich war.

Die Wahrheit ist: Man muss da einfach gelassen bleiben. Hilft ja nichts. Wirklich! Einmal tief durchatmen und das Ganze nüchtern analysieren. Da hatte der Polizist auf der Wache schon recht, als er am nächsten Tag zu mir sagte:

«Frau Feller, ganz ehrlich, ich verstehe Sie ja, aber lassen Sie das mit der Anzeige. Kuscheln beim Vorlesen ist echt kein Tatbestand. Das reicht nicht für eine Festnahme.»

Britta war auch der Meinung, dass ich das subtiler lösen sollte. So auf die ganz feine Art, von hinten durch die Brust ins Auge,

damit die Kinder das nicht merkten. Ich war nicht so richtig überzeugt.

«Britta, wie stellst du dir das vor? Was soll ich denn sagen?
‹Warum riecht ihr denn immer so komisch, wenn ihr mit der
Tabea gekuschelt habt? Oder ist das etwa das Parfüm von der
Tabea? Das riecht aber streng. Ist das Ed Hardy Women?› So ein
Quatsch!»

Britta wollte sich schier totlachen.

«Nein, so geht das natürlich nicht! Frag doch mal beiläufig
nach einem Foto von Tabea. Und wenn die Kids dir dann eins zeigen, dann sagst du was zum Abreagieren!»

«Genau! Gute Idee! Ich sage dann: ‹Zeig mal das Foto. Das ist
die Tabea? Das ist ja lustig. Die sieht ja im Gesicht eins zu eins aus
wie Mesut Özil. Diese Augen! Dann kann die ja immer gleichzeitig gucken, wo ihr beiden gerade seid! Wie praktisch!›»

Das gefiel uns auch nicht so recht, komisch eigentlich. Schließlich hatte Britta noch eine ziemlich fiese, aber sehr lustige Idee:

«Hat euch die Tabea bei den Hausaufgaben geholfen? Das ist
ja alles falsch! Mensch, ihr wisst doch – Punktrechnung geht vor
Strichrechnung. Das ist aber auch verwirrend. Punkte, Striche …
Tja, die Tabea kennt sich halt besser mit dem Strich aus.»

Wir lachten und wussten natürlich, dass das nur in Gedanken
lustig ist. Das wäre mir in echt dann doch zu hinterhältig.

Ich nahm mir stattdessen vor, Tabea ganz nüchtern, sachlich
und emotionslos zu kommentieren: «Kommt, lasst mich mit
dieser Scheiß-Tabea in Ruhe.» Und weil man das auch nicht sagt,
habe ich eben meinen Mund gehalten. Nur gedacht habe ich noch
sehr viel: «Ja, wenn die sexy Lady Tabea so toll ist und so toll kuscheln und so toll vorlesen kann, dann zieht doch gleich zur Tabea. Dann kann die Tabea euch ja auch gleich neue Pullis kaufen,
weil sie ja alle eure guten falsch gewaschen hat, sodass die jetzt

- 123 -

kaputt oder hoffnunglos zu klein sind. Und dann kann euch die Tabea auch immer bei den Hausaufgaben helfen und euch später von der Hauptschule abholen. Zu mehr wird es nämlich nicht reichen, wenn euch dieser Superstar großzieht. Da könnt ihr auch weiterhin ‹die Einzigste›, ‹die Perfekteste› und ‹besser wie› sagen. Und morgens schon Nogger auf euer Frühstücksbrötchen klatschen, weil die tolle Tabea euch ja alles erlaubt.»

Die Erfahrung zeigt, irgendwann renkt sich alles ein. Und so war es auch bei uns. Meine Eifersucht ließ nach, und irgendwann war ich natürlich froh, dass Tabea so nett zu meinen Kindern war. Das war mir allemal lieber, als die Kids jedes Mal heulend vor mir stehen zu haben, weil «die Tabea so böse» zu ihnen war. Auch wenn es mich manchmal gestört hat, dass mein Ex und Tabea sich am Wochenende natürlich immer schön als die coolen Party-Animals aufgespielt haben. Kirmes, Kurzferien – ein Event jagte das nächste, während für mich meist nur der Alltag blieb. Oder Sprüche wie: «Da waren wir schon mit Papa und Tabea!» Und so kam es denn, dass ich einmal ein bisschen getrickst habe. Sexy Lady und ihr Bewunderer hatten mal wieder ein ganz dickes Ding geplant. Es sollte ins Phantasialand gehen. Die Kids waren natürlich am Durchdrehen vor Begeisterung. Ich hörte nichts anderes mehr als «Phantasialand, Tabea, super».

Einen Tag vorher ging das Telefon. Tabea war dran und wollte noch was wissen. Und da kam mir die Idee.

«Hi Tabea, schön, dass du anrufst. Du, wegen morgen. Da gibt es ein kleines Problemchen, ich hoffe, du bist mir nicht böse. Das mit dem Phantasialand macht mir ein bisschen Bauchschmerzen. Ich halte das nicht für eine soooo gute Idee. Der Kleine ist noch so jung, der darf doch auf keins dieser wilden Geräte drauf. Und dann guckt er nur traurig zu, wie der Große alles macht. Das ist doch wirklich nicht so toll. Aber damit ihr morgen trotzdem was machen könnt – mir fällt da gerade ein, dass die beiden schon immer mal in diesen Wildwald Vosswinkel wollten! Du, da liegen die mir schon seit Wochen mit in den Ohren. Wollt ihr nicht lieber das mit denen machen? Ja? Du, prima! Da werden die zwei sich aber kaputt freuen!»

Nachdem ich aufgelegt hatte, rief ich die Kinder zu mir.

«Kinder, kommt ihr mal bitte, es geht um morgen. Also, Tabea holt euch um zehn Uhr ab. Aber es gibt eine kleine Planänderung. Die Tabea hatte da eine ganz andere tolle Idee! Und zwar fahrt ihr morgen nicht mit Tabea und Papa ins Phantasialand, sondern in den Wildpark Vosswinkel!»

Die Gesichter meiner Jungs wurden lang und länger. Enttäuschung machte sich breit. Und Gemaule kam auf:

«Wieso das denn! Das ist stinklangweilig! Menno!»

Ich wurde ein bisschen streng.

«So kommt, jetzt reißt euch mal zusammen. Die Tabea hat mir erzählt, wie schön es da ist. Das ist überhaupt nicht langweilig, da kann man Tiere füttern. Rehe und Häschen … da gibt es sogar einen Igel-Streichelzoo. Das ist überhaupt nicht doof! Wisst ihr was? Ich mache euch einen Vorschlag. Wenn ihr da schön lieb seid und nicht meckert, dann fährt die Mama zur Belohnung mit euch am Sonntag ins Phantasialand. Versprochen?»

Seitdem lief es noch besser mit Tabea. Das ist aber auch eine herzensgute Person. War sie immer, von Anfang an mochte ich die gut leiden. Weil sie so natürlich und herzlich ist. Und die Kinder finden sie auch total nett. Neulich habe ich noch gedacht: Hoffentlich bleiben wenigstens die beiden schön lange zusammen!

# Mami ist die Beste

Vielleicht lag es an den Osterfeiertagen. Aber über kurz oder lang hätte mein Sohn diese Frage wahrscheinlich sowieso irgendwann gestellt. Denn eben diese Frage beschäftigt alle Kinder, die in kirchlichen Kindergärten oder später in der Grundschule mit Religion konfrontiert werden:

«Mama? Warum ist der Jesus denn nur 33 Jahre alt geworden?»

Die Augenbrauen hochgezogen, die Unschuld in seinen blauen Augen und kindliche Empathie in der Stimme blickte mein Großer zu mir hoch. So süß, wie er aussah, so ernsthaft schien die Frage ihn zu beschäftigen. Darum antwortete ich wahrheitsgemäß, wenn ich auch versuchte, dem Klang meiner Stimme trotz der grausamen Wahrheit etwas Warmes, Tröstendes zu verleihen.

«Weißt du, Schatz, der wurde nicht älter, weil die Römer ihn gekreuzigt haben.»

Es schien zu wirken, denn seine nächste Frage drehte sich erst mal um die Missetäter:

«Ach, die Römer waren das? Bestimmt werden die deswegen immer von Asterix und Obelix verhauen.»

Das war zwar eine geschichtlich nicht haltbare, aber typisch kindliche Wunschvorstellung, auf die ich allerdings nicht weiter einging. Dafür lächelte ich ihn an, in der Hoffnung, weitere Fragen zu unterbinden. Pustekuchen.

«Gibt es davon Fotos?»

«Wovon? Von den Prügeleien zwischen den Römern und …?»

Weiter kam ich nicht. Ein wenig entrüstet über mein Ablenkungsmanöver unterbrach mich mein kluger Sohn:

«Orrr, nein – natürlich von der Kreuzigung!»

Ich versuchte es mit der Wahrheit.

«Nein, das ist schon viel zu lange her. Aber es gibt natürlich jede Menge gemalte Bilder davon.»

Des Kindes Antwort kam wie aus der Pistole geschossen.

«Zeig mal, bitte!»

Also holte ich schwer seufzend unsere große Kinderbibel hervor. Gott sei Dank war die Kreuzigungsszene nicht so brutal dargestellt. Ich schaltete wieder auf mütterliche Samtstimme um:

«Guck, das da ist Jesus am Kreuz.»

Lange stierte mein Sohn mit großen Augen auf die farbenfrohe Zeichnung. Dann fragte er mich leise:

«Mami, stirbt der Jesus da?»

Mein mütterliches Herz zog sich zusammen, meine Augen wurden feucht. Ich räusperte mich und hauchte ein sanftes «Ja.» Doch plötzlich wehte der *Wind of Change* durch unsere morbide Stimmungslage. Ich hörte es an der lauten und neugierigen Stimme.

«Mami, wer sind die beiden, die neben dem Kreuz stehen?»

«Das sind die Mama von Jesus und sein bester Freund.»

Zufrieden klappte mein Sohn die Bibel zu und beendete unser Gespräch beruhigt mit der Feststellung:

«Dann war es ja nicht so schlimm – die Mama war ja dabei!»

Ich wollte eigentlich noch darauf hinweisen, dass so eine Kreuzigung trotz anwesender Mami sehr schlimm ist, aber ich verkniff es mir, denn beim Buchzuklappen ließ Monsieur keinen Zweifel an seinem Fazit aufkommen:

«Mami, du bist auch so toll wie Jesus seine Mama. Du bist einfach die Beste. Weil Mamis sind immer die Besten.»

Richtig! Mamis sind immer die Besten. Deswegen will eine Mami natürlich auch immer alles richtig machen und nur das

Beste für die Kinder. Also, ich zumindest. Ich habe sogar einen kleinen – beziehungsweise mittlerweile einen sehr großen – Tick, wenn es um das Beste für meine Kinder geht: Ich brauche Siegel. Ich meine aber nicht Ralph Ein-bisschen-Frieden-ein-bisschen-Freude-Siegel. Ich meine auch nicht Siegel in Form von heißem Siegelwachs, das mir von einem ansehnlich gemeißelten, frisch ausgemusterten Chippendale bei Sonnenuntergang in einem Himmelbett am Strand kunstvoll mit einer Taufkerze aus seiner karibischen Heimat auf meinen nackten *Body of Evidence* geträufelt wird. Obwohl – doch, das brauche ich auch. Aber darum geht es in diesem Text nicht. Was ich meine, sind Gütesiegel! So etwas wie «Stiftung Warentest sehr gut». Oder «Der blaue Engel» und das «ADAC-Gütesiegel». Da kriege ich richtig Gefühle. Wenn ich auf einer Gesichtscreme das Label «Öko-Test gut» sehe, schießt mir vor Glückseligkeit gleich wieder die Milch ein. Da flocken allein schon vom Hitzeschub die Hormone aus. Ich will auf meiner Holzlasur vom Baumarkt mindestens einen blauen Umweltengel sehen, sonst kaufe ich eine andere. Und wer seinen Thunfisch ohne WWF-Logo oder den Vermerk «delfinfreundlich gefangen» im Supermarkt kauft, ist in meinen Augen ein Feind der Tiere und noch schlimmer: ein gedankenloser Qualitätsverweigerer. Wie kann das sein, dass man da dem Billigen den Vorzug gibt? Selbst als arme Studentin habe ich lieber weniger Thunfisch gegessen, als auf mein gutes Gewissen beziehungsweise auf Mein-gutes-Gewissen-Siegel zu verzichten.

Ich weiß nicht, warum mich das so bewegt. Aber wenn der ADAC so einen Fahrradhelm mit «Sehr gut» auszeichnet, dann muss ich das Ding kaufen. Mein Hirn schüttet dann Tonnen von Dopamin aus, da bin ich nicht mehr Herrin meiner Sinne. Der wird gekauft. Und wenn mein Kind dann dieses vielgepriesene und ausgezeichnete Produkt aufsetzt und losradelt, überkommt mich ein Gefühl, als halte der liebe Gott persönlich seine großen Hände schützend über sein zerbrechliches Köpfchen. Deswegen kaufe ich nicht einfach irgendetwas. Nein, egal ob Kinderbettchen, Windeln, Cremes, Fahrräder, Waschmaschinen oder Lebensmittel: Ich kaufe vorher Testmagazine, durchsuche das komplette Internet nach Bewertungen und Gütesiegeln, bis ich absolut sicher weiß, was das jeweils beste Produkt für mich und meine Familie ist. Das ist für mich selbstverständlich, denn ich will ja auch die beste Mami der Welt sein.

Jetzt ist es aber so: Oft stelle ich mit Verwunderung fest, dass andere Mütter komplett anders ticken. Da fahren die Kinder mit einem völlig verdengelten Fahrradhelm auf dem Kopf herum, der schon von den älteren Geschwistern – und so wie er aussieht – auch vom familieneigenen Hund getragen wurde. Kommentar einer Mutter dazu: «Ja, toll, ne? Der Helm ist schon einmal durch die ganze Familie gewandert. Wenn seine Oma weiter so schrumpft, kann die den auch noch aufsetzen, wenn er dem Felix nicht mehr passt!» Das sind die Momente, in denen ich mir nicht sicher bin, ob ich in der Angelegenheit nicht vielleicht zu Extremen neige. Vielleicht. Warum sind andere Mütter da einfach lässiger? Wenn ein alter Helm mal «sehr gut» war, dann kann er ein paar Jahre später doch nicht plötzlich schlecht sein, oder? Aber bei so einem ketzerischen Gedanken meldet sich sofort die perfekte Übermutti in mir: Plastik soll doch mit der Zeit spröde werden! Von wegen Materialermüdung und so. Und wenn man einmal mit einem Helm gestürzt ist, dann …? Ja, was dann? Die Pragmatikerin meldet sich nun ebenfalls zu Wort: Gibt es vielleicht eine goldene Mitte? How to be perfect even if you're not? Eine Problematik, der ich mich stellen muss. Keine Frage. Noch schlimmer wird es übrigens, wenn Dritte ins Spiel kommen.

Neulich sprach Mone, die Mutter von Finn, mich vor der Kita

an. Sie wollte meinen Sohn die Tage mal nach der Kita mitneh-men. Weil Finn und mein Kleiner noch zusammen spielen wollten. O-Ton Mone: «Kein Problem, Lisa. Brauchst dich auch um nichts zu kümmern, ich hab ja noch den alten Sitz von Finns Schwester in der Garage! Den packe ich mir einfach ins Auto und nehme die beiden Racker mit!»

Ich ließ mir nichts anmerken und nickte Mone lächelnd zu. Mühsam krächzte ich noch ein fröhliches: «Ja, supi, können wir ja übermorgen machen», bevor ich mich in mein Auto setzte, in-nerlich von Panikattacken überwältigt wurde und anschließend ohnmächtig zusammenbrach. Zu Hause angekommen, machte ich mir erst mal einen Beruhigungstee und dachte nach. «Um Himmels willen – Mone nimmt mein Kind mit. In ihrem Auto!» Nichts gegen Mone, die hat das Herz auf dem rechten Fleck. Aber ihr Auto, das ist ein verbeulter Mülleimer auf Rädern. Und das hat Gründe – das Geld, das Mone in Glitzernagellack investiert, käme ihrem Auto definitiv besser zugute. Die Karre ist so ver-hunzt, man kann noch nicht mal genau erkennen, um welche Marke oder welches Modell es sich mal gehandelt hat. Ich ver-mute, es könnte ein Hyundatso Latrina sein. Mone hat mich mal in diesem Gefährt mitgenommen. Ab Tempo 40 hatte ich den Eindruck, dass das Auto mit dem Fahrauftrag überfordert war. Irgendwann dachte ich sogar, es spricht mit mir. Seine Nachricht war eindeutig: «Beschütz dich selbst, ich kann es nicht.» Das habe ich sogar geglaubt. Einmal die Beifahrertür zuknallen und du musst Angst haben, dass der Airbag müde aus dem Hand-schuhfach ploppt. Jede Bordsteinkante ist für die Klappermühle wie ein Zementtsunami, der seine Existenz bedroht. Einmal ge-niest und du hast quasi zehn Einschusslöcher in der Windschutz-scheibe.

Und in diesem maroden Technikmuseum sollte mein Sohn

nun mitfahren? Hiiiiiiilfe! Ich habe zwei Nächte wach gelegen und überlegt, wie ich das umgehen kann.

Plan 1: Ich kaufe von Mühlenstorche den neuen Kindersitz USS General Washington Empire Five Star NASA Babysafe. Der Sitz hat alle Siegel, die es gibt. Sag mir eins – hat er! Stiftung Warentest / sehr gut – hat er. Öko-Test / sehr gut – hat er. TÜV, ADAC, AC / DC, auto mutti und sport – hat er. Immer Bester im Test. Die schwedische Luftwaffe nimmt den sogar als Schleudersitz für ihre Jagdpiloten. Der Sitz entspricht natürlich den Bioland-Richtlinien, ist dermatologisch getestet und selbstverständlich auch hypoallergen. Das Teil hat sogar eine Eigenschaft, die es heute eigentlich gar nicht mehr gibt. Eines der seltensten Merkmale überhaupt: Der kann noch *nicht* mal Spuren von Nüssen enthalten! Ganz klar, das Ding ist die Air Force One sämtlicher auf dem Markt erhältlichen Kindersitze.

Okay, eins kannst du selbst bei den teuersten und sichersten Sitzen nicht verhindern. Egal, ob der Sitz nun 50 Euro oder 500 Euro kostet – schon nach einer Woche haben die de facto einen neuen Bezug. Quasi einen Neubezug über dem Bezug, mit dem sie ausgeliefert wurden. Dieser Neubezug ist dann auch nicht mehr atmungsaktiv. Er besteht vielmehr aus einer Melasse aus Saft, Dreck, Schnodder, Schokolade sowie angetrocknetem Brötchenteig. Sei's drum. Ist halt nicht zu ändern. Ich kaufe also den Megasitz und lasse ihn mit einem eigens geliehenen Anhänger zum Kindergarten bringen. Dann drück ich Herbert, seines Zeichens Kita-Hausmeister 200 Euro in die Hand, damit der den Sitz direkt mit der Karosserie von Mones Latrino verschweißt. Die ganze Aktion wird mich ungefähr 650 Euro kosten, aber das ist mir ein sicherer, schöner Spielenachmittag meines Sohnes einfach wert. Ganz klar – es gilt ein Spruch meines Opas: Wer an der Sicherheit spart, der kaut auch Fußnägel.

Plan 2: Ich sage Mone ab.

Am Ende hat sich alles in Wohlgefallen aufgelöst. Die Kinder wollten unbedingt mit dem Roller fahren. Das kam mir natürlich sehr entgegen. Und bis zum nächsten Treffen muss ich Mone einfach nur davon überzeugen, sich ein neues Auto zu kaufen. Ich habe auch schon eine Geschäftsidee, wie sie das Geld zusammenbekommt.

Tag für Tag futtern unsere lieben Kleinen im Auto, sie schleppen ihr Spielzeug und weiß der Kuckuck was noch alles mit hinein, aber längst nicht alles davon verlässt das Fahrzeug auch wieder. Daher passiert eines in regelmäßigen Abständen, und zwar mit absoluter Sicherheit: Jedes Mal, wenn ich das Auto hinten gründlich sauge, dann klimpert und rappelt es im Saugerschlauch, als ob man ein Kilo Kieselsteine aufsaugt. Und was da alles drin verschwindet! Im Prinzip ist so ein Staubsaugerbeutel eine perfekte Wundertüte: diverse Süßigkeiten, was zum Spielen, bisschen Obst und eine Überraschung. Das kann mal ein Euro sein. Oder auch nur ein Fingernagel. Auf jeden Fall kaufe ich mir jetzt so Glitzertüten für meinen Sauger. Oder ich bastle mir die selbst.

Und beim nächsten Kita-Fest machen Mone und ich einen Stand: Dann verkaufen wir unsere LiMo-Wundertüten für 3 Euro das Stück. Da hat die gute Mone doch dank meiner Superidee quasi im Handumdrehen die Kohle für einen sichereren Wagen zusammen. Ich suche ihr den auch aus. Irgendeinen, der ein gutes Testurteil vorzuweisen hat. Zum Beispiel ADAC-Crashtest, 5 Sterne. Und weil die Kids dann wahrscheinlich schon 12 oder 13 sind, braucht sie auch keinen teuren Kindersitz mehr. Das Geld kann sie sparen. Gute Idee, oder? Klar! Mami ist eben die Beste.

# Früher war alles ...!

Es gibt sie, diese Tage – an denen einfach alles überflüssig ist. Man steht auf und weiß sogar meistens schon, dass «heute» alles schiefgehen wird, was schiefgehen kann. Weil man das Radio anmacht und als Erstes, sozusagen noch mit unschuldigen Ohren, *The riddle* von Gigi d'Agostino hört. Oder die Kinder als erste Amtshandlung beim Frühstück eine volle 1,5-Liter-Flasche Apfelschorle quer über den Tisch schangeln. Offen natürlich, obwohl du in den letzten Jahren circa 178 000-mal gesagt hast: «Bitte mach die Flasche wieder zu, sonst kippt die gleich um und die ganze Brühe klebt auf dem Tisch und Boden!» Und während du unendlich müde und stocksauer alles mit warmem Wasser und ökologisch korrektem Neutralreiniger, verrenkt wie eine Kontorsionskünstlerin im Zirkus unter dem Tisch kriechend, wieder aufwischst, plärren die Kinder in einem fort: «Das war aber nicht extra, Mama.» Was natürlich klar ist. Wehe, die hätten das extra gemacht!

Was soll's, neulich war jedenfalls wieder so ein Tag. Mein Großer hatte sich mit seinem Longboard amtlich auf den nicht vorhandenen Bart gelegt und sich dabei das Handgelenk ordentlich verstaucht. Hinzu kamen ein paar schöne Schürfwunden am Unterarm plus Schmerzen in der Schulter. Ist klar, dass ihm dieses bedauerliche und schmerzhafte Malheur nicht an einem normalen Werktag passiert war. Oh, nein. Zu einfach. So was passiert natürlich an einem lecker warmen Sonntagnachmittag. An meinem ersten freien Sonntag seit Wochen. Unserem ersten gemeinsamen Sonntag seit einer gefühlten Ewigkeit. Also packte ich meine Kids ins Auto und fuhr mit einem unguten Gefühl zur Notaufnahme der Uniklinik. Das braucht man bei schönem Wetter so dringend wie eine Wurzelkanalbehandlung.

Um 16 Uhr betraten wir das proppenvolle Wartezimmer, um 19 Uhr saßen nur noch fünf Leute mit uns dort, die vor uns dran waren. Gott sei Dank hatten die Jungs ihren Nintendo mitgenommen, um sich die elende Wartezeit zu vertreiben. Ich las derweil *Die Aktuelle*, die ich mir vom Lesezirkel-Stapel des Tisches in der Mitte des Wartezimmers genommen hatte. Leider machte die Zeitschrift ihrem Titel keine Ehre, denn vom Titelblatt lächelten Boris und Barbara Becker, während die Überschrift zu wissen glaubte: «Treue ist wichtig in unserer Ehe». Nun, ja – hoffentlich waren wenigstens die Ärzte hier auf dem neuesten Stand. Medizinisch gesehen, natürlich. Ich warf die Illustrierte schwungvoll auf das Tischchen zurück und spielte stattdessen lustlos an meinem Handy herum. Und wie wir alle so schwitzend dasaßen und auf unseren elektrischen Geräten herumdaddelten, flüsterte ein älterer Herr seiner Sitznachbarin lautstark ins Ohr: «Jaja, die können ja heute alle nur noch dadrauf drücken. Wir damals, wir waren ja noch richtig draußen. Früher, da war einfach alles besser!»

Ich wollte ihn gerade fragen, warum er nicht jetzt auch «richtig draußen» wäre, anstatt hier drinnen dummes Zeug zu reden, da wurde er leider schon ins Untersuchungszimmer gerufen. War vielleicht auch besser so. Aber ganz ehrlich: Ich kann dieses «Früher war alles besser» nicht mehr hören. Das ist unfassbar spießig und außerdem in den allermeisten Fällen auch noch völliger Quatsch. Es stimmt einfach nicht. Was war denn früher besser? Was ist denn so wahnsinnig schlimm daran, wenn ein Kind auch Nintendo spielt: Was soll dann passieren? Als alleinerziehende Mutter bist du froh, dass es die Dinger gibt! Die Kids gehen morgens in die Schule. Nachmittags machen sie Hausaufgaben, gehen zum Sport oder toben draußen, sie besuchen Freunde oder die

- 134 -

kommen zum Spielen vorbei. Und wenn die Jungs dann abends, am Wochenende oder in der Notaufnahme mal etwas länger ihren Nintendo in der Hand haben, dann werden sie davon doch nicht gleich blöd. Es sei denn, sie waren es vorher schon. Hätte Albert Einstein als Kind pro Tag zwei Stunden Fernsehen geschaut und obendrauf noch eine Stunde *Super Mario Kart* gespielt, wäre aus ihm dann kein Genie geworden? Hätte er dann die Relativitätstheorie nicht erfunden? Ich kann mit solchen Allgemeinplätzen wie «das Fernsehen wird immer schlimmer» nichts anfangen. Weil das *so* nicht stimmt. Das Fernsehen wird nicht «immer schlimmer» – es gibt nur mehr Fernsehprogramme. Und man kann Gott sei Dank daraus auswählen. Deswegen muss es richtigerweise heißen: Es gibt immer mehr Fernsehprogramme. Viele schlechte, aber es gibt auch viele gute Programme!

Was war früher noch besser? Die Autos? Blödsinn! Setz dich doch mal zum Vergleich in einen Golf 1. Da hast du das Gefühl, die haben vier Kinderwagenräder an eine dünnwanndige Thunfischdose geschweißt. Das Lenkrad ist dünner als ein Ring von der Vogelwarte Helgoland. Wenn du mit der ollen Karre gegen einen Jägerzaun knallst, überlebt nur einer – und zwar der Jägerzaun. Was ist daran bitte gut? Oder besser? Nächstes Thema: Telefonieren. Ja, das war natürlich auch viel besser früher! Da kostete ein Anschluss ungefähr 27 Mark Grundgebühr, das waren gerade mal knapp 14 Euro! Toll, oder? Und ein zweistündiges Ferngespräch nach Hongkong schlug damals mit höchstens 7000 Mark zu Buche. Das war viel Geld damals! Heute übrigens auch! Und wenn man sich den klobigen Hörer lange genug auf beide Augäpfel drückte, konnte man vielleicht auch schon damals ein paar bunte Bilder sehen. Auch die Reichweite eines normalen Telefons damals war gigantisch: Mindestens 3 Meter. Länger war die Standardschnur nämlich nicht. Doch genug mit den Fun-Facts.

Das Einzige, womit die alten Fernsprechapparate und Telefone früher richtig glänzen konnten, waren ihre Auftritte in Agentenfilmen und Krimiserien. *Derrick*, *Tatort* und *Der Alte*. Warum? Weil man mit einer nicht vorhandenen Handyschnur keinen erwürgen kann. Und darum noch mal zum Mitschreiben: Nix konnte so ein Telefon damals besser, außer teuer zu telefonieren. Internet? Mail? Fotos? Filme? Fehlanzeige. Was war denn früher eigentlich besser? Fahrräder? Ja, genau! Die schönen, alten und unverwüstlichen Hollandräder. Nein, es tut mir leid. Wenn ich an mein Hollandrad nur denke, kriege ich Muskelkater. Schon der Lenker alleine wog gefühlte 30 Kilo. Diese Hollandräder haben – vielleicht auch wenig überraschend, wenn man den Namen bedenkt – vor allen Dingen in Holland gut funktioniert, weil es da keine Berge gibt und alles schön flach ist. Aber wehe, es geht nur ein bisschen bergauf und du sitzt auf so einem alten Drahtesel. Meine Eltern hatten eine lange Garagenauffahrt, selbst bei der musste ich schon meistens absteigen und schieben. Heute ist Fahrradfahren dagegen geradezu paradiesisch. Die Räder sind leicht, haben tausend Gimmicks und fahren sich dank modernster Technik kinderleicht und angenehm. Von E-Bikes ganz zu schweigen – da setzt du dich morgens in Hamburg aufs Rad und bist am nächsten Tag abends in München. Das ist doch toll! Und wenn ich schon höre: «Aber man trainiert auf so einem alten Rad die Muskeln viel mehr!» Sonst noch was? Will ich Beine haben wie Arnold Schwarzenegger? Das fehlt mir gerade noch. Wenn du deine Beine in Form bringen willst, geh halt eine halbe Stunde täglich stramm spazieren.

Verdammt noch mal, so langsam frage ich mich selbst schon etwas ungläubig: Irgendetwas muss doch früher besser gewesen sein? Nur was? Das Essen? Auf keinen Fall. Jetzt mal Butter bei die Fische: Früher war die Panade von Fischstäbchen zwar knuspriger, aber das lag garantiert nur daran, weil sie aus alten Gummireifen und ausgesiebten Kieselsteinen hergestellt wurde. Der Wein bestand aus gefärbtem Frostschutzmittel und die Tüte geriebener Käse aus der Mirácoli-Packung wurde aus den Haarschuppen italienischer Streichelzoo-Ziegen gewonnen. Günstigstenfalls.

Heute hingegen wird gekennzeichnet, kontrolliert und getestet wie noch nie! Und das ist auch gut so! Es gibt Bio-Supermärkte! Selbst die Discounter werben mit ökologischen Lebensmitteln. Und erzählt mir nicht, dass früher alle ihre Eier auf'm Bauernhof geholt haben! Wo gibt es denn mitten in Köln einen Bauernhof?

Liebe Leserinnen und Leser, versteht mich bitte nicht falsch. Dieses Buch ist ein Comedy-Buch, und natürlich weiß ich: Es gibt immer noch genug zu verbessern. Egal ob Lebensmittel, Technik, Fernsehen oder weiß der Kuckuck was. Heute ist nicht alles grundsätzlich besser. Aber noch mal: Ich kann dieses «Früher war alles besser» nicht mehr hören. Dieses ewige Gemecker, nicht nur von den älteren Menschen. Alle meckern andauernd über alles. Und wenn gerade nicht gemeckert wird, dann sind wir Eltern mit unseren Kindern auch gerne mal über-übervorsichtig. Ich weiß, wovon ich rede! Wie schwer es mir manchmal fällt, den Großen alleine loszuschicken – ob zum Bäcker, zur Schule oder nur mal eben zum Freund. Natürlich mache ich mir Sorgen. Aber: Statistisch gesehen lebt kein Kind so sicher auf der Welt wie ein 7-jähriges Kind in der westlichen Welt. Wenn zehn Millionen Kinder morgens auf dem Weg zur Schule sicher ankommen und nur ein Kind mit dem Rad oder Skateboard hinfällt – dann ist das zwar sehr bedauerlich, aber es bedeutet gleichzeitig auch: Die Chance, dass meinem Kind etwas passiert, beträgt eins zu zehn Millionen. Warum gucken wir aber immer nur auf die eins, auf den Nenner? Und nicht auf die zehn Millionen? Genau dieses Phänomen macht die Lottogesellschaften so unfassbar reich. Es ist doch laut

Volksmund eher so: Bevor du im Lotto die Millionen abräumst, trifft dich der Blitz beim Scheißen. Was lernen wir daraus? Richtig – bloß nicht bei Gewitter aufs Klo gehen!

Lange Rede, kurzer Sinn: Freut euch des Lebens. Ich bin auch eine Mutter, die sich ständig und pausenlos Sorgen um den Nachwuchs macht. Aber ein Kind muss sich auch mal schneiden, hinfallen oder sogar enttäuscht werden. Damit kann man nicht früh genug anfangen. Zum Beispiel mein Kleiner mit seinen sechs Jahren: Ich habe mir die Entscheidung weiß Gott nicht leicht gemacht. Wochenlang habe ich schlecht geschlafen und wach gelegen. Selbst meine Mutter hat gesagt: «Das kannst du dem Kind doch nicht antun.» «Doch», habe ich geantwortet, «da muss der Junge durch, selbst wenn er nur noch heult!» Die Sache ist für mich sonnenklar: Wenn ich in Zukunft beim Memory weiß, wo das verfickte Zebra ist, dann drehe ich es auch um! Ich will auch mal gewinnen. Basta!

Ist doch wahr – jahrelang hab ich beim Memory so getan, als wüsste ich nicht, wo das Zebra liegt. Mich dumm gestellt: «Ooooh, wo ist es denn? Da ist die Mami aber vergesslich, eine richtige Schusseltriene! Ich kann es gar nicht finden!» Dabei wusste ich es ganz genau. Meistens jedenfalls. Denn ich bin ja nicht ganz blöd. Ich habe ja schließlich nicht als Kind den ganzen Tag Nintendo gedaddelt. Wir waren nämlich noch draußen und haben gespielt, meine Geschwister und ich. Früher. Aber da war ja auch alles …!

# Warum eigentlich so ein Kerl –
## und wenn ja, welcher?

Meine Nachbarn, Gisela und Karl-Heinz, sind jetzt schon fast 50 Jahre verheiratet, und beide fragen sich schon mal gelegentlich: Warum jetzt noch mal? Weil sie eben schon so lange miteinander leben, dass sie einfach vergessen haben, wie es damals eigentlich dazu gekommen ist. Das ist jetzt zugegebenermaßen ein bisschen übertrieben, aber ein Körnchen Wahrheit steckt mit drin. Die beiden nehmen sich selbst ständig auf den Arm, was das angeht. Gisela sagt immer: «Verheiratetsein. Das ist das Einzige, was wir gemeinsam haben.»

Und sein Lieblingswitz ist seit 30 Jahren: «Gestern im Bus, da sagt ein Mann zu mir: ‹Meine Frau ist ein Engel.› Und ich antworte: ‹Hast du ein Glück, meine lebt noch.›»

Das lässt wiederum Gisela keine Ruhe. Und dann steckt sie mir verschwörerisch den Kopf zu und raunt: «Lisa, ich war gestern noch bei Ford. Die haben doch im Radio gesagt, da kriegste 5000 Euro für deinen Alten. Wat 'n Beschiss! Die meinten das nur für olle Autos.»

Aber dieses andauernde Gezänke ist nur oberflächlich. Ihre Liebe füreinander können die beiden Oldies nicht verbergen, da können sie noch so viel spötteln. Wenn Gisela mal einkaufen ist, packt Karl-Heinz sich das Kissen vor die Wampe und legt sich ins Fenster. Dann ziehe ich ihn gerne mal auf und frage ihn: «Na, schreibst du wieder alle angeblichen Falschparker auf?» Worauf er muffelig brummelt: «Nee, ich warte, dass die Gisela zurückkommt. Wenn die weggeht, isses immer so still. Ich weiß dann gar nix mit mir anzufangen.»

Und das will was heißen – sonst kann er doch auch stundenlang den Rasen mähen. Das geht immer. Kaum ist er vorne fertig, geht es hinten weiter. Und umgekehrt. Wenn einer dem Rasen keine Chance gibt zu wachsen, dann ist es Karl-Heinz. Zu seinem 70. Geburtstag wollte ich ihm schon so eine Tankdrohne schenken, damit er seinen alten Honda beim Mähen aus der Luft betanken kann. Hätte ich es mal bloß gemacht, dann hätte er sich bei seinem Geburtstagskaffeetrinken mit den Nachbarn ja ausgeklinkt, um den Rasen zu mähen. So aber hat er die ganze Zeit neben mir gesessen und auf mich eingeredet:

«Lisa, wie lange willste eigentlich noch ohne einen ordentlichen Mann im Haus rumeiern? Warum suchst du dir nicht so 'nen Prachtkerl wie mich und heiratest wieder?»

Ich habe dann tief durchgeatmet und versucht, ihm meine Sicht der Dinge darzulegen.

«Karli, in Deutschland wird jede dritte Ehe geschieden. Ich war auch schon mal Teil einer «dritten», das hat mir gereicht.»

Da war endlich Ruhe im Karton. Aber abends, nachdem die Kinder im Bett waren, habe ich noch mal in Ruhe darüber nachgedacht. Ein Mann im Haus, ein Partner an meiner Seite … Hm. Ganz ehrlich? Je nach Stimmung finde ich den Gedanken super oder grauenvoll. Toll, jemanden, den man liebt, so nahe bei sich zu haben. Aber, oh Gott, wie kann man sich von einem Mann nur sooo abhängig machen! Ich habe mich doch ganz gut eingerichtet in meinem Leben als Single. Ein Mann im Haus ist im Grunde wie Unkraut. Es geht nicht weg und wenn doch, kommt es sofort wieder. Und überhaupt: Wofür brauche ich einen Kerl? Wenn du wie ich zwei Söhne hast, kriegst du ja eigentlich alles Essenzielle, was so einen richtigen Kerl ausmacht, jeden Tag rund um die Uhr frei Haus. Die wichtigsten Kernkompetenzen: Rülpsen XXL, Teller nicht wegräumen, Staubsaugerallergie, uringesprenkelte Klobrille, überall liegengelassene Wäsche sowie Miefsocken als nie endende Meterware. Nach einer Heirat, zwei Söhnen und gelegentlichen amourösen Übernachtungsgästen kann ich die Volksweisheit lediglich bekräftigen: Männer werden 5, danach wachsen sie nur noch. An dieser Stelle mal eine Frage an euch, liebe Männer: Ab wann ist Pupsen eigentlich nicht mehr lustig? Wenn ich mit mehreren Kollegen zusammen bei einer Show auftrete, passiert eine Sache garantiert immer mal wieder: Ich komme backstage in den Aufenthaltsraum, und irgendeiner hat gegast und seine innere Verwesung ohne Skrupel in den Raum eingeleitet. Also beschwere ich mich natürlich:

«Puuuh, das ist ja ekelhaft. Muss das sein? Da kann man doch auch rausgehen. Fenster auf, aber sofort!»

Dann betritt ein Kollege den Raum:

«Alter Falter! Respekt! Boaaah! Wer war das? Geil! Was hast du gegessen? Hammer! Ich brauche unbedingt das Rezept!»

Dann wird sich lachend und feixend abgeklatscht, und der Furzer darf sich fühlen, als hätte er gerade einen wertvollen Beitrag zur Erhaltung eines abendländischen Kulturgutes geleistet.

Ich will jetzt hier aber nicht nur über die guten Seiten von Männern sprechen – hahaha, kleiner Scherz am Rande –, nein, ganz im Ernst: Es gibt ja auch ganz tolle Vertreter des starken Geschlechts: zum Beispiel die liebevollen Handwerker! Dumm nur, dass die meistens schon verheiratet sind. Deren Frauen bleibt folgendes Schicksal erspart:

(Heulendes) Kind: «Mama, der Papa hat das Überraschungsei überhaupt gar nicht zusammengebaut gekriegt. Menno. Dabei waren das doch nur zwei Teile!»

(Tröstende) Mutter: «Und was hat er draus gemacht?»

(Tieftrauriges) Kind: «Vier Teile …!»

Ganz klar, wenn so ein Mann handwerklich geschickt ist, dann hat das viele Vorteile. Es ist doch so, es muss ständig etwas repariert werden. Leider hat die Sache meistens einen Haken. Will sagen: Entweder kann ein Kerl handwerklich gar nichts, oder der macht den ganzen Tag nix anderes außer schrauben, basteln, frickeln! Dumm nur, dass mein Leben sowieso schon eine einzige Baustelle ist, da brauche ich doch nicht noch zusätzlich einen, der den ganzen Tag am Wullacken ist! Und außerdem habe ich ja schon meine beiden kleinen Söhne, die permanent mit einer dreckigen Latzhose rumlaufen. Da suche ich mir doch lieber jemanden, mit dem ich weniger Chaos habe als vorher. Genauer gesagt: Ich will einen, der mir das Traumhaus kaufen kann und nicht das alte kaputt renoviert. Nicht, dass wir uns falsch verstehen! Natürlich darf mein Traummann ein Hobby haben. Gerne auch ein sehr Kostspieliges … nämlich mich! Meine beste Freundin Britta, die mit ihren ganzen Liebschaften schon ein eigenes Panini-Album bestücken könnte, sieht das ganze Thema eher pragmatisch:

«Lisa, ab und zu brauch ich nur mal was vor die Buxe und einen neuen Porsche!»

Toll. Ich hätte aber am liebsten einen Kombi, der so scharf aussieht wie ein Porsche, viel Platz bietet und ordentlich belastbar ist. Natürlich gibt es nichts Perfektes, ich bin ja nicht blöd. Ich suche gar nicht nach der eierlegenden Wollmilchsau. Aber es muss schon auch passen. Ich habe zum Beispiel keine Vorurteile gegen dicke Männer. Hab ich wirklich nicht. Meine Oma sagt immer: «Auch die dickste Kerze hat 'nen Docht, und auf jeden Topf passt ein Deckel.»

Darum erzähle euch jetzt mal von Sebastian. Das ist mit ihm abgesprochen, und ich darf das erzählen. Sebastian ist vom Gewicht her auf keinen Fall so ein Kaventsmann wie Otti Fischer, aber durchaus auf dem Weg dahin. Ansonsten ist er ein liebevoller, intelligenter und warmherziger Mann.

- 142 -

Was haben wir haben schon alles zusammen erlebt und gelacht! Aber im Bett? Hui ... wie beschreibe ich das mal am besten?
Bei einem unserer ersten Versuche ergab sich folgender Dialog,
sozusagen exemplarisch und missionarisch:

«Lisa, bin ich dir eigentlich zu schwer?»

«Nein, ich laufe immer blau an, wenn ich scharf bin!»

Gut, also haben wir es verständlicherweise andersherum probiert. Aber auch da spielte unser Erotiksender das gleiche Lied:
*I can't get no satisfaction.* Klar, auf'm Berg ist es kalt und zugig. Es
weht ein eisiger Wind. Da kommt auch keine Stimmung auf, wenn
du das Gefühl hast, dass du völlig alleine da oben bist. Um es kurz
zu machen: Wir hatten viel ausgefallenen Sex. Und wenn der Sex
nur ausfällt, dann ist das auch nicht gut für eine Partnerschaft.
Es hat wohl nicht sollen sein. Wir sind aber immer noch gute
Freunde. Jetzt sogar eigentlich noch bessere, seit der Sex nicht
mehr zwischen uns steht. Wie in diesem alten Witz:

«Ich würde gern mal mit Ihnen eine Tasse Kaffee trinken
gehen.»

«Ja gerne, gegen sechs?»

«Nein, nur so.»

Aber ich will einen guten Mann nicht auf das Thema Sex re-
duzieren, dass wäre zu einfach. Wir bleiben mal bei den Basics:
Ordentliche Hygiene ist auch so 'ne Sache. Ein ganz sensibles
Thema, das eine Ehe – ja, selbst eine gute Beziehung – schwer be-
lasten kann. Gibt es da ein Mittelding? Einen Sauber-wenn-auch-
nicht-rein-Weg für Männer? Als Frau ist man ja eigentlich schon
glücklich, wenn die Kerle fürs Nasenhaarschneiden nicht den
Milchaufschäumer nehmen. Und viele wollen auch leider einfach
nicht glauben, dass so ein 24-Stunden-Deo durchaus schon nach
23 Stunden im Orbit verglüht sein kann. Darum an dieser Stelle
ein Pro-Tipp: Ruhig mal Mut zum zweiten Sprühstoß. Falls ihr

Angst habt, die Ozonschicht zu versauen – einfach beim Sprühen die Flasche nach unten halten. Und wenn der männliche Leser jetzt vielleicht denkt: «Hä, wieso Deo? Frauen stehen doch auf Schweiß?» Ja, klar! Aber nur wenn er gut riecht.

Leider ist die Werbung im Fernsehen auch keine große Hilfe im täglichen Kampf um männliche Hygiene. Während es Tausende von Deo-Creme-Falten-Beauty-Wellness-Nägel-Seife-Parfüm-Spots für Frauen gibt, beschränken sich die Spots für Männer auf die klassischen drei Männerthemen «Rasierapparat», «After-Shave» sowie «Schuppen-Shampoo». Und trotzdem sind die meisten Typen ständig unrasiert, kratzen dir das ganze Gesicht auf und wedeln sich ständig den Kopfhautparmesan von der Schulter. Das hat der US-amerikanische Präsident Trump sogar vor laufenden Kameras beim französischen Präsidenten Macron gemacht!

Da kannst du dich als Mutter von zwei Söhnen noch so an dem Thema abarbeiten. Es ist vielmehr, so will ich es mittlerweile auch glauben, eine genetisch bedingt unreine Veranlagung, die einfach nicht zu stoppen ist. Schon als Kinder sind Männer einfach die größeren Schweine. Wie witzelt doch der Volksmund gerne: «Kennen Sie den Unterschied zwischen Brokkoli und Popeln? Finden Sie mal einen kleinen Jungen, der gerne Brokkoli isst.» Wie viele Eltern haben schon hinter dem Bettrand ihrer Kinder ein Stück grün geklebtes, vertrocknetes Raufaser-Relief entdeckt? Da Jungs zu allem Überfluss im Alter von zwei bis sechs Jahren meistens auf ihre Väter fixiert sind, kratzen sie sich äußerst gerne ausdauernd am Hintern und sitzen schon in jungen Jahren eine halbe Stunde mit Buch oder Nintendo auf dem Thron. Später, in der gefürchteten Pubertät, betrachten Jungs oft Wasser, Seife und Zahnpasta als ihre größten Feinde. Sie ziehen sich zwar mit großer Begeisterung jeden Tag die Vorhaut vor und zurück, aber leider nicht zu Reinigungszwecken. Manche Kinder glauben, dass der liebe Gott uns nur deshalb Fingernägel gegeben hat, damit der Dreck nicht an den Fingerkuppen kleben bleibt. Natürlich kann man mit Zahnbürsten ganz toll Fugen und Alufelgen reinigen – aber vor allem eben auch Zähne. Und so kommt es gar nicht mal selten vor, dass man als Frau einem Mann gegenübersteht, bei dem eine Geruchsprobe seines Atems die Frage aufwirft, ob der feine Herr seine Socken verspeist hat.

Dabei könnte es so einfach sein. Als Frau wirft man abends sämtliche Klamotten, die man tagsüber getragen hat, in die Schmutzwäsche-Tonne. Männer dagegen ziehen ihr Hemd aus und riechen daran. Dieselbe Prozedur wiederholt sich mit Unterhose und Socken. Dann wird alles mit einem erleichterten «Geht doch noch» auf den Boden geworfen und am nächsten Morgen wieder «frisch» angezogen.

Aber klaro, natürlich sind nicht alle Männer so! Es gibt ja auch das komplette Gegenteil! Wer jetzt allerdings glaubt, mit einem frisch geföhnten, epilierten und pedikürten Dressman wäre alles in allerbester Ordnung – dem kann ich nur sagen: vielleicht, eventuell, möglicherweiser ja! Ich kann das nur bedingt bestätigen, denn so ein Leckerchen hat auch seine Schattenseiten. Eben. Wo Licht ist, da ist auch Sonnenbrand. Optisch war mein Ex-Lover René (der hieß wirklich so!) auf einer Skala von 1 bis 10 eine gute 11. Geistig vielleicht nicht ganz auf Himalaya-Höhe, aber ein solides Matterhorn. Die Basics waren vorhanden, Subjekt, Prädikat, Objekt, alles erstaunlich flüssig und in der richtigen Reihenfolge. Die Kernkompetenzen waren allerdings sensationelles Aussehen, charmantes Auftreten und gutes Benehmen. Ich habe ihn zugegebenermaßen auch gerne wie eine teure, exklusive Handtasche benutzt. Es war so ein bisschen dieser It-Girl-Effekt: Guckt mal hier, mein neuer Königspudel. So viel Kritik muss ich mir schon gefallen lassen.

Aber diese Typen sehen eben nicht von alleine so fesch aus. Die sind auch sehr eitel. Gut, wenn man auf sich achtet, ist man automatisch auch ein bisschen eitel. Aber wir waren mal bei Rossmann, und während ich mir einen Handkorb schnappte, nahm er sich gleich den dicken Einkaufswagen. Ich klärte ihn also gütig auf:

«Süßer, lass gut sein, ich brauche doch nur ein kleines Döschen von meiner Gesichtscreme!»

Was ich da eben immer kaufe, diese typische Hydro-Anti-Aging-Beauty-Tages-Gesichtscreme mit Bio-Q12-Repair-Komplexen und künstlichem Naturdünger. Ja klar, ich weiß, dass ich ein Opfer der Werbung bin. Im Prinzip tut es auch ein Esslöffel Böklunder-Wurstwasser jeden Morgen, doch so eine teure Creme ist ja immer auch ein Aufheller für die Seele.

Der schöne René ignorierte meinen Einwand jedenfalls. Stattdessen sagte er ganz lapidar: «Lass mal, ich brauche den Wagen selber. Ich will ja auch noch was für mich einkaufen!»

Ich dachte: «Was will er denn ‹für sich› mit dem Wagen einkaufen? Eine Anstaltspackung achtlagiges Klopapier aus ökologisch angebautem und fair gehandeltem Samtpolyester? Was kaufen Männer denn normalerweise in der Drogerie? Einen Fünf-Liter-Kanister Head & Shoulders und eine Zahnbürste. Mehr braucht es doch eigentlich nicht. Wirklich, ich kenne Männer, die putzen sich mit Schuppenshampoo die Zähne. Weil die stumpf sagen: Wieso nicht? Belag ist Belag.

Ich also fix meine Creme aus dem Regal geholt und dann 20 Minuten an der Kasse unter viel Gemecker der restlichen Kundschaft hinter mir einen Platz für René freigehalten. Und dann kam der in aller Seelenruhe mit randvoller Karre angeschippert. So viel Kosmetik, Schminke, Puder, Creme und sonstige Produkte – ich war fassungslos.

«Was soll das denn werden? Brauchst du das etwa nur für dich, oder wird das ein Adventskalender für den Frauenknast?»

Da habe ich schon gemerkt, das kam jetzt nicht so gut an. Vermintes Gelände. Das wäre alles vielleicht auch nur halb so schlimm gewesen, hätte er nicht den halben Rossmann-Markt bei mir im Badezimmer aufgebaut. Was zur Folge hatte, dass ich meine Sachen in meinem eigenen Bad überhaupt nicht mehr wiedergefunden habe, weil da nur noch sein Zeug rumstand. Eine völlig neue Erfahrung. Vor René kannte ich eben nur Männer, die im günstigsten Fall ihre eigene Zahnbürste mitgebracht haben. Noch mal, ich mag gepflegte Männer. Ich mag Männer, die sich ordentlich rasieren. Es kann ja wohl nicht sein, dass wir Mädels uns einen Wolf cremen, um uns babypopozarte Haut ins Gesicht zu zaubern, und Monsieur Dreitagebart knutscht dir dann zur Belohnung mal eben mit seinen Kartoffelackerstoppeln eine komplette Erfurt-Raufaser-Tapete ins Gesicht. Aber René hat sich nicht einfach nur glattrasiert.

Eines Sonntagmorgens kam ich ins Bad. Und er entfernte tatsächlich überflüssige Körperbehaarung von seinem Astralkörper! Mit meinem pinkfarbenen Epiliergerät. Dabei stöhnte er wehleidig den besten Hund kaputt. Ich habe natürlich vor Schreck nichts gesagt, doch von da an habe ich meinen Nagellack versteckt. Der Schock saß tief. Im Bett war er zudem mehr damit beschäftigt, sich selbst anzugucken und angestrengt zu posieren, anstatt zu poussieren. Ich habe mich irgendwann ernüchtert gefragt: «Lisa, was willst du mit einem Typen, der auch noch im Bett gut aussehen möchte? Hm? Der soll schwitzen und ackern, den Pflug fest im Griff haben und das Feld ordentlich bestellen, verdammt noch mal!» Es war also nur eine Frage der Zeit, bis der selbstverliebte Drogist endlich seine zehn Deogriffel zum Abschied wedeln würde. Er hat es mir schließlich sehr leicht gemacht, als er eines

Abends mit einer Schlafhaube anrückte und mich bat, seine Haare beim Küssen nicht immer so zu zerzausen, das sei «nicht so gut für die empfindlichen Spitzen.»

Ich habe ihm zum Ende unserer Beziehung einen Spiegel geschenkt. Dazu konnte ich mir allerdings ein paar Abschiedsworte nicht verkneifen: «Hier Schatz, dein Lieblingsbild von mir. Auf Wiedersehen, aber es eilt auch nicht.»

Womit wir wieder bei Null und meiner Ausgangsfrage wären: Warum brauche ich noch mal einen Mann? Was nicht geht, habe ich ja bis hierhin schon deutlich umrissen. Aber was geht, wer ist der richtige und wenn ja – worin besteht der Mehrwert?

Was Männer wirklich richtig gut draufhaben, das ist diese Lässigkeit und dieses völlig unkritische Selbstvertrauen beziehungsweise dieses Gottvertrauen. Wobei das für viele Männer eigentlich dasselbe ist. Also, ich meine Gottvertrauen und Selbstvertrauen. Und damit, so schließt sich der Kreis, sind wir natürlich auch schon wieder im Minusbereich. Beispiel: Als Frau parkst du immer etwa 500 Meter vor dem eigentlichen Ziel. Und ab 800 Meter vorher suchst du schon mit Argusaugen das weitere Umfeld nach einem geeigneten Parkplatz ab. Dazu gibt es den Standardspruch: «Guck mal, wie praktisch – hier ist gerade was frei, den Rest können wir doch prima laufen. Die Bewegung tut uns mal ganz gut. Jeder Gang macht ja auch schlank.» So weit, so gut, so weltfremd. Denn «schlank» interessiert Männer ja nur bei Frauen. Also sagt Wampen-Andy mit seinem messerscharfen Verstand und in all seiner Trägheit:

«Wieso – wenn alle 500 Meter vorher parken, ist ja garantiert ganz vorne direkt vor dem Eingang noch was frei.»

Das Schlimme ist – meistens klappt das auch noch. Und wenn du dann als seine Frau in seinem Beisein zu deinen Freundinnen sagst:

«Also, das ist phänomenal, der Andy – der findet immer einen Parkplatz ganz vorne.»

Dann hast du praktisch am Zauberring gedreht. Dann bekommt er diese Aura. Sein Blick hellt sich auf, und er kriegt die Körperspannung eines Mats Hummels, obwohl er gerade noch auf dem Fahrersitz gewabbelt hat wie ein Pfund Götterspeise in der Hängematte. Da wird aus dem trägen, leicht übergewichtigen Andy Schnapelsbeck mit einem Wimpernschlag der stählerne Modellathlet Lewis Hamilton auf dem Weg zum Siegertreppchen. Frenetisch gefeiert von langbeinigen Boxenludern. Also können wir das Thema «Parkplatz klarmachen» trotz Selbstüberschätzung auf der Habenseite verbuchen. Na also!

Wo es gerade so gut läuft für die Kerle – warum genau braucht man noch mal einen Mann? Richtig. Der Umwelt zuliebe. Brumm, brumm – der Batterieverbrauch von Singlefrauen ist die reinste Katastrophe, und ich meine nicht die für die elektrische Zahnbürste …

Gerne verweisen Männer ja auch auf ihre vermeintlich einmaligen Kompetenzen als rettender Held. «Keine Sorge, ich beschütze dich, mein Häschen!» Aber jetzt mal ganz im Ernst: Was soll er denn machen, wenn Einbrecher kommen? Das bringt doch gar nichts. So wie die meisten Männer aussehen, klaut die eh keiner. Schon meine Oma hat das immer gesagt, als ich noch klein war. Wenn ich sie gefragt habe: «Oma, hast du keine Angst, dass dem Opa Günther was passiert, wenn der nachts von der Schicht nach Hause kommt?», dann hat sie mir liebevoll über den Kopf gestreichelt und gesagt: «Glaub mir – wer den Opa Günther im Dunkeln klaut, der bringt ihn im Hellen zurück.»

Natürlich möchte ich ab und zu mal mit jemand Vernünftigem reden, wenn ich spätabends vom Auftritt nach Hause komme. Und hätte ich einen Mann, dann könnte der ja die Kinder wach halten, bis ich wieder da bin. Aber jetzt mal Spaß beiseite: Was willst du denn mit einem Mann groß bereden? Bei den meisten gibt es ja eh nur zwei Möglichkeiten. Du fragst: «Wie war dein Tag?» Und als Antwort sagt er entweder: «Gut.» Und fertig. Oder aber es greift die gefürchtete zweite Variante: Er sabbelt stundenlang ohne Punkt und Komma, was er doch für ein toller Hecht ist, wem er es alles im Büro, in der Firma oder beim Fitnesstraining gezeigt hat und dass die Firma ohne ihn praktisch verloren sei. Und wie super ihn doch alle fänden. Diese Alternative endet erfahrungs- gemäß nicht selten mit dem fürsorglichen Satz: «Nun aber genug von mir. Kommen wir zu dir, Liebling. Wie findest du mich eigent- lich?»

Großartig, natürlich. Männer – ich weiß, da draußen gibt es ganz bestimmt liebe, gutherzige Typen, die nichts anderes wollen, als mich auf Händen zu tragen. Die ich lieben und verwöhnen kann. Es dauert nicht mehr lange. Vielleicht zehn, höchstens fünf- zehn Jahre. Dann sind meine beiden Jungs nämlich erwachsen.

# Hilfe, ich werde verkuppelt

Wenn man solo ist, grenzt die Hilfsbereitschaft der Freundinnen schon fast an die legendäre Aufopferungsbereitschaft von Mutter Teresa. Die ganze Zeit suchen sie angestrengt die nähere Umgebung nach einem potenziellen Kandidaten für dich mit ab – als ob man selbst nicht richtig gucken würde. Dabei kann ich allen versichern: Ich gucke selbst auch die ganze Zeit! Aber – in den Augen der anderen guckst du natürlich nicht richtig. Deswegen haut mir leider auch ständig irgendeine aus dem großen Club der Wohlmeinenden ihren Ellenbogen in die Seite und zischt mir aufgeregt «Kumma der da!» ins Ohr.

Selbst meine Kinder fragen mittlerweile schon mal:

«Mama, findest du den Typen süß?»

«Nein, wieso?»

«Warum hast du den dann *so* angeguckt?»

«Weil es der Kassierer ist und ich bezahlen muss!»

«Magst du keine Kassierer?»

«Doch, natürlich!»

«Willst du den denn mal gerne küssen?»

«Nein!»

Da wirst du schier wahnsinnig! Die Speerspitze der Hilfe-unsere-Lisa-braucht-einen-Mann-Bewegung ist aber natürlich meine beste Freundin Britta! Britta, Sternzeichen «Schwarze Witwe» und ihres Zeichens unermüdliche Sprücheklopferin altehrwürdiger westfälischer Weisheiten wie «Liebe vergeht, Grundstück besteht».

Garantiert – stehe ich mit Britta vorm Aldi, dann dauert es keine Minute, und ich habe wieder ihren spitzen Ellenbogen in meinem mittlerweile dauergeprellten Rippenbogen. Dazu flüstert sie unauffällig – also sie meint, es wäre Flüstern und unauffällig:

«Lisa, ooooohhhh, guck doch mal der da, der ist doch süß.»

Leider haben wir nicht den gleichen Geschmack, was Typen angeht. Was ihrem Beuteschema entspricht, ist mir entweder zu jung oder riecht schon zehn Meter gegen den Wind nach Torf.

«Boah, Britta, der geht doch gar nicht. Da verliebe ich mich noch eher in den Einkaufswagen. Da hab ich wenigstens was Süßes drin. Und überhaupt, Schokolade kann auch sehr zärtlich sein.»

«So wird das nichts! Du bist immer so wählerisch, Lisa.»

«Ja, davon könntest du dir ruhig auch mal eine Scheibe abschneiden.»

«Jetzt sei doch nicht so krabätzig, das ist halt die hilfsbereite Freundin in mir. Wenn ich was sehe, was du gebrauchen kannst, dann werde ich das doch wohl noch sagen dürfen.»

Spätestens das ist der Punkt, an dem ich immer sehr ärgerlich werde:

«Wenn ich was sehe, was du gebrauchen kannst! Wenn ich so einen Quark schon höre! Echt, Britta, wenn ich in einer Metzgerei bin, bring ich dir ja auch nicht ein Pfund Hirn mit, nur weil es im Angebot ist.»

Sie lacht dann herzhaft. Und ich liebe sie dafür!

Was sie allerdings nicht davon abhält, sofort wieder nach einem neuen Supermann Ausschau zu halten. Wie gesagt, es ist ja lieb gemeint – aber manchmal nervt mich das doch wirklich über alle Maßen. Ehrlich, wo bleibt die Qualitätskontrolle, wenn jedes Dreibein, das meinen Weg kreuzt, an mich angekuppelt werden soll? Das ergibt doch keinen Sinn: Man hängt doch nicht ohne jede Not einen Güterwagen an einen ICE. Und die Männer, die ich interessant finde, an denen findet Britta wiederum überhaupt

- 152 -

nichts. Wenn ich sie mal dezent anstupse und sage: «Wie findest du denn eigentlich den da drüben?», dann kann ich meinen Hintern auf ihre Antwort verwetten:

«Was willst du denn mit dem? Den haben sie doch damals mit Tutenchamun ausgegraben.»

Dabei ist der aller Wahrscheinlichkeit nach in meinem Alter. Aber für Britta ist das mit dem richtigen Alter von Männern so: Wenn die nicht um die 20 sind und die Blase vom Daumennuckeln am besten gerade erst verheilt ist, dann sind die steinalt. Eins ist also klar: Britta und ich werden uns bei Männern nie ins Gehege kommen. Was ebenfalls klar ist – sollte ich mal wieder einen Mann gut finden, dann werde ich ihn Britta erst nach der Hochzeit vorstellen. Sonst passiert mir noch mal so ein Unglück wie damals mit Christian.

Ich fand Christian schon immer sehr, sehr süß. Wir haben zusammen studiert, aber leider nicht das Kamasutra. Hat sich nicht ergeben, weil er damals fest mit dieser albernen Martina zusammen war. Ein toller Mann, dieser Christian. Damals schon und heute immer noch. Ich hatte ihn bestimmt 20 Jahre nicht gesehen, als wir uns plötzlich über Facebook irgendwie wiederentdeckt haben. Er ist jetzt nicht eins von diesen Boss-Models, wo du es schon wieder mit der Angst zu tun bekommst, weil die zu schön sind. Aber Christian ist eben auch auf keinen Fall so ein Aldi-Model in Shamp-Jogginghosen. Kennt ihr diese Jogginghosen, wo ernsthaft «Shamp» mit «Sh» statt «Ch» draufsteht? Geht gar nicht! Sei's drum, ich würde sagen, Christian ist eher so ein bisschen wie Jack Wolfskin, Camel … oder Timberland. Genau: Er ist «Jack Timberland». Gepflegter Dreitagebart, blaue Augen, ein bisschen verwegen. Er duftet nach Abenteuer und macht mir richtig Lust auf einen kleinen Ritt durch etwas raueres Gelände. Leider habe ich Britta das gesagt, und sie hat sofort alles drangesetzt, uns zusammenzubringen. Ihr Plan war schlicht und nachvollziehbar: «Lisa, ich lade euch beide zu meiner Party ein. Christian ist ja wieder solo! Dann seht ihr euch wieder, füllt euch ab und zieht euch direkt in mein Gästezimmer zurück! Was meinst du?» Bis auf die Sache mit dem Gästezimmer war ich einverstanden. Stattdessen quartierte ich die Kinder bei meiner Mutter ein und bezog mein Bett frisch.

Der Tag der Party kam und Christian auch. Ich war hin und weg. Was war ich schockverliebt in diesen heißen Feger! Ich war sofort voll im Kinder-Küche-Kirche-Modus. Ich sah uns schon auf dem Standesamt. Und unsere Kinder – sollten wir die evangelisch oder katholisch taufen lassen? Das würden wir gemeinsam abwägen müssen: Kommunion mit acht Jahren war natürlich toll, aber sollten die Kids in dem Alter schon so viel Geld haben? Und mit acht schon mit einem eigenen Handy oder Tablet rumhantieren, das konnte es ja wohl auch nicht sein! Oder, Christian? Also … eigentlich war Konfirmation besser. Aber das war ja wiederum der falsche Glaube für die Katholiken. Also nicht wirklich falsch, aber eben auch nicht der richtige. Das hatte die katholische Kirche schon gut hingekriegt. Dass man immer dachte, Jesus sei katholisch. War Christian überhaupt katholisch? Mit solchen Gedanken beschäftigte ich mich schon Tage vor der Party. Ich hätte mal lieber medizinische Fachbücher wälzen sollen, denn eine saftige Erkältung «mit alles» hatte mich schwer erwischt. Die Nase war zwar schon trockengelegt, aber insgesamt hatte ich noch eine ausklingende Bronchitis und stand voll unter Antibiotika. Das bedeutete natürlich: kein Alkohol. Und was passierte selbstverständlich? Christian sah mich, war völlig überrascht und sagte als Erstes: «Lisa, super, dass wir uns mal wiedersehen! Du siehst toll aus, ehrlich. Wahnsinn! Das muss gefeiert werden – ich hole uns mal schnell zwei Prosecco!» Ich schmolz dahin wie Butter im

Toaster. Meine Knie wurden wacklig. Zum einen wegen Christian, zum anderen wegen meines geschwächten Zustands und weil ich – davon einmal abgesehen – auf hohen Hacken grundsätzlich eine Körperhaltung habe wie ein Emu auf Inlinern. Schnell schmiss ich mich auf ein gerade nicht besetztes Sofa in Brittas Wohnzimmer und versuchte, eine betont laszive Körperhaltung einzunehmen. Schon kam mein heißblütiger Naturbursche mit zwei Gläsern und einer Flasche Prosecco um die Ecke.

Auf einmal meldete sich mein internes Ordnungsamt zu Wort: «Lisa, denk dran – kein Alkohol in Kombination mit Antibiotika!» Auweia, alles in mir fing an zu rotieren: «Wie sage ich ihm bloß, dass ich keinen Prosecco trinke?» In meinen Gedanken waren wir doch schon völlig enthemmt am Knutschen!? Wenn ich ihm sagte: «Du, ich nehme gerade Antibiotika, weil ich so eine schwere Bronchitis habe!» Du liebes bisschen, man kannte doch die Männer! Das wäre unter Garantie der totale Abtörner. Das wollte ein Mann auf keinen Fall hören. Eine Erkältung! Man wusste ja, wie Männer sich anstellen, wenn es um so wahnsinnig gefährliche Seuchen wie eine Erkältung ging: «Uuh, dann hustet die mich bestimmt an, dann krieg ich das auch, und dann sterbe ich. Die Dinosaurier sind schließlich auch an Husten gestorben. Oder so.»

Durch meinen Gedankenschleier hindurch hörte ich ihn mit honigsüßer Stimme fragen: «Stößt du mit mir an?» Gedacht habe ich: «Gerne, aber lass uns erst was trinken.» Gesagt habe ich nix.

Verdammt, was hätte ich auch sagen sollen? Männer würden eher den Handlauf einer Rolltreppe in der Pariser Metro ablecken, als eine erkältete Frau zu küssen. Aber Christian blieb dran:

«Also, was ist jetzt?»

Überrascht hörte ich mich sagen:

«Ja klar, hömma, gib her, ex und hopp, mein Lieber.»

«Wow, Lisa, du bist immer noch die Coolste. Wie früher! Weißt du noch? Wie vor 20 Jahren, damals haben wir uns doch mit Sambuca die Hütte vollgezogen und dann abgedichtet. Weißte noch, auf der Erstsemester-Party?»

Ich konnte mich weder an den Sambuca noch an ihn so richtig erinnern … Die Erstsemester-Party? Hatte er da nicht schon mit der unsäglichen Martina herumgeturtelt? Christian teilte meine Gedächtnislücke nicht, er trällerte lieber mit leuchtenden Augen:

«Trink Sambuca mit mir, trink Sambuca die ganze Nacht, trink Sambuca mit mir, weil Sambuca uns glücklich macht. Liebeliebe-liebelei …!»

Verdammt, der wollte es wirklich wissen. Doch je forscher er wurde, desto mehr gewann bei mir die Vernunft wieder die Oberhand. Auf keinen Fall wollte ich Alkohol trinken. Ich musste also irgendwie Zeit gewinnen.

«Jetzt jodel hier nicht lange rum, bring lieber welchen an den Start.»

Das sollte mir fünf Minuten Zeit verschaffen. Oder mehr, da ich mir nicht vorstellen konnte, dass Britta außer Schaumwein und Bier irgendetwas anderes im Hause hatte. Also rannte ich schnell zu ihr:

«Hilfe, ich muss in zwei Minuten locker sein, ohne Alkohol zu trinken. Hast du was? Lachgas, Valium, Hohes C, Hubba Bubba – egal, Hauptsache, es knallt!»

Britta überlegte eine gefühlte Ewigkeit, dann huschte ein Lächeln über ihr Gesicht.

«Ja, klar. Das könnte klappen.»

Hastig rannte sie ins Schlafzimmer und kam mit einer Tüte Gebäck in der Hand zurück.

«Ich hab noch ein paar Haschkekse, die habe ich gestern von einer Abi-Party mitgehen lassen.»

Ich war entsetzt.

«Britta, bist du jetzt Lothar Matthäus oder was? Sammelst du deine Toyboys jetzt etwa schon auf'm Schulhof ein?»

«Lisa, ich bitte dich, das war doch die Party von meinem Patenkind. Auf jeden Fall hatten die da diese Haschkekse, die waren sensationell. Wir hatten jedenfalls ordentlich Spaß!»

Das klang vielversprechend. Kein Alkohol und dafür Kekse! Ich dachte: «Wie geil ist das denn?!» Hatte ich noch nie probiert, aber ich liebe Kekse! Und die Kalorien waren mir auch egal. «Kein Problem», dachte ich. Alles, was auf die Hüfte kam, würde auch nachher wieder runterkommen. Nämlich dann, wenn Christian auf meiner Hüfte ...!»

Zwei Minuten später drückte ich Britta die leere Tüte in die Hand.

«Sorry, Britta, aber ich merk gar nix.»

Sie guckte nur fassungslos auf die Tüte:

«Hast ... du ... die ... etwa ... alle ... gegessen?»

«Ja, klar! Du hast mir die ja auch alle gegeben!»

«Ja, schon, ich wusste ja nicht, dass das hier ‹Betreutes Füttern› ist! Das dauert halt ein bisschen, bis die wirken.»

«Egal, die fünf Minuten bekomme ich auch noch rum!»

«Lisa, nein, nein – das dauert mindestens eine Stunde ...»

Weiter hörte ich sie nicht sprechen, denn das Kaugeräusch des letzten von fünf Keksen knirschte durch meinen Schädel. Ich war wie Krümelmonster, nur ohne Schluckreflex. Der letzte Keks war noch nicht ganz runtergewürgt, da stand plötzlich Captain Sambuca mit zwei Schnapsgläsern hinter mir. Mist, wie hatte er das nur geschafft? Es half nix. Runter damit, und zwar auf ex. Die nächsten zehn Minuten passierte nichts. Ich war gut drauf. Zwischendurch

- 157 -

dachte ich sogar noch: «Typisch, dass die Leute immer so ein Ge-
schiss machen müssen. Von wegen ‹bloß keine Antibiotika zusammen mit Alkohol›, das ist doch totaler Quatsch.» Das Gespräch
mit Christian verlief sehr gut. Wir sahen uns tief in die Augen, es
gab beim Reden neckisches Gelächter und viele «zufällige» Be-
rührungen. Sowie die üblichen Fragen nach zwanzig Jahren. Nach
einer Weile fragte Christian mich dann: «Und, Lisa? Was machst
du so?»

Ich weiß nicht, ob ich die Frage so langweilig fand oder ob ich
von seiner physischen Präsenz so sediert war, jedenfalls hörte ich
auf einmal alles nur noch von ganz weit weg und total verwaschen.
Gleichzeitig wurde mein Körper schwer wie Blei, jede einzelne
Bewegung erlebte ich wie in Zeitlupe. Und meine Zunge war
nicht mehr in der Lage, die Sprachsignale des Großhirns vernünftig umzusetzen.

«Luschtige Fraage. Krüschan. Ich schuudiere rhythmische
Sportjournalastik, Fackrischtung Hodenturnen.»

Christians ratloser Blick irritierte mich. Was gab es denn da
nicht zu verstehen?

«Hä?? Du bist doch Komikerin, oder nicht? Und hast du nicht
damals Grafik studiert?»

Ich ließ mein Glas fallen, schmiss mich lachend hinterher und
lag lallend auf dem Boden. Die Kekswirkung ballerte mit Rake-
tenantrieb von null auf hundert los und ich bekam den albernsten
Lachflash meines Lebens.

«Grafik! Oder Graf Fick … hihihi, ja sicher, wo hat der denn
sein Schloss, der Herr Graf Fick? In Geilenkirchen? Ach nee, da
wohnen ja schon Fick und Focksi und ihre Cousins Ficky Maus
und Donald Fuck. Huahahaharhähäääää! Kenntsu Moby Fick?
Fick und Doof und ihre drei Neffen Fick, Fick und Fuck?

Tilt, error. Es war grausam. Mein Körper, mein Hirn, meine

- 158 -

Sprache, meine Bewegungen – es befand sich alles nicht mehr in meiner Gewalt, nichts war mehr logisch miteinander verbunden, nichts ergab einen zusammenhängenden Sinn. Von der einen auf die andere Sekunde hatte ich keine Spucke mehr. Ich war komplett «out of Spucke»! Meine Zunge war eine Rolle Klopapier.

Als hätte ich einen Eimer Frühlingsquark mit 30 Knoblauchzehen und fünf Waschlappen gegessen. Mein Gaumen war nur noch Wüste. Also ruderte ich wild auf dem Boden umher und versuchte mich in Gebärdensprache. Christian sah von unten betrachtet bestürzt aus und schien auch irgendwie wenig begeistert von meiner Performance zu sein.

Schließlich bugsierte Britta mich mit Christians Hilfe schnell ins Schlafzimmer aufs Bett. Als Christian postwendend aus dem Zimmer ging, wollte Britta hinterher, aber ich schaffte es noch, sie am Ärmel festzuhalten. «Britta, hol mir noch schnell den Christian dazu!»

Was soll ich sagen – anschließend hatte ich den besten Sex meines Lebens. Leider nur mit der Tapete. Christian war da schon lange weg, er hatte die Party direkt nach meinem Aussetzer kopfschüttelnd verlassen. Und er wird wohl auch nie mehr wiederkommen. Auf Facebook habe ich neulich seine Seite aufgerufen. Er lebt jetzt mit dem letzten Tasmanischen Teufel in einer Höhle in Australien. Von Frauen möchte er nichts mehr wissen. Vielleicht lebt er auch als Fliegenfischer in Alaska. So genau weiß ich es nicht. Er hat meine Freundschaftsanfrage nämlich nicht angenommen. Was ich gut verstehen kann.

Ich hingegen habe eine andere Lehre aus dem ganzen Debakel gezogen. Leute, ich nehme nie wieder so ein komisches Zeugs. Damit ist wirklich nicht zu spaßen. Dazu werde ich nur noch im äußersten Notfall greifen. Ansonsten gilt: Finger weg von Antibiotika!

Nach dem großen Misserfolg mit Christian auf Brittas Ver-
kupplungsparty hatte ich natürlich erst mal keine weiteren Am-
bitionen, mich auf neue Vermittlungsangebote einzulassen. Was
natürlich nichts daran änderte, dass alle meine Freundinnen trotzdem bei jedem Treffen plötzlich und ganz zufällig einen männlichen Single-Überraschungsgast aus dem Hut zauberten. Natürlich ohne mir vorher Bescheid zu sagen oder mich vorzuwarnen.
Weil ich dann ja zugegebenermaßen auch nicht gekommen wäre.
Sandra lud mich beispielsweise zu einem Spieleabend ein. Für
mich war klar, dass wir zu dritt wären: Sandra, ihr Mann Michi
und ich. Dass Torben um fünf nach acht ebenfalls auf der Matte
stehen würde, hatte sie mir wohlweislich verschwiegen. Also
stellte ich sie beim Bierholen in der Küche leise zur Rede.

«Lisa, der Torben ist gerade frisch getrennt, der brauchte einfach mal eine Aufmunterung! Der ist nett, der beißt nicht!», recht-
fertigte sie sich.

Aha, soso. Zufällig saßen wir laut Sandras ausgetüftelter Sitz-
ordnung sogar nebeneinander. Was Michi äußerst feinfühlig mit
einem derben Klopfer auf Torbens Schulter anmoderierte:

«Damit ihr beiden Turteltäubchen schon mal auf Tuchfühlung
gehen könnt, höhöhö!»

Ich machte böse Miene zum bösen, wenn auch gutgemeinten
Spiel. Apropos Spiel – gespielt wurde *Activity*. Das mag ich sehr,
da kommt mein altes Improvisationstalent voll zur Geltung. Reden, malen, Pantomime – gefällt mir! Und dann kommt ja auch
noch mein großer Ehrgeiz dazu. Will sagen – ich spiele sehr gerne,
vor allem um zu gewinnen. Nach all den zermürbenden Jahren des
Spielens mit meinen Kindern ist das ja wohl auch kein Wunder.
Jahrelang habe ich mich bei *Scrabble* dümmer angestellt als Lothar
Matthäus beim Silbenrätsel.

«Ja, wo ist denn nur das zweite Schäfchen? Jetzt hat die dumme

Mami schon wieder vergessen, wo das andere Schafi liegt! Ach, menno!»

Wie oft habe ich bei *Mensch ärgere dich nicht* absichtlich falsch gezählt, damit mein Sensibelchen von Sohn nicht anfing zu heulen, weil er von mir rausgeschmissen wurde. Nein, nein, nein. Wenn ich mit Erwachsenen spiele, dann kenne ich keine Gnade! Dann will ich gewinnen. Das bedeutete aber auch, dass ich auf keinen Fall mit Sandra oder Michi in einem Team sein wollte. Beide sind nämlich eher dem «Hauptsache Spaß»-Lager zuzuordnen. Also schlug ich – sehr zu Sandras Erstaunen – sogar vor, mit Torben ein Spielteam zu bilden. Schließlich machte dieser Torben anfänglich einen echt netten und intelligenten Eindruck. Diese Fehleinschätzung sollte sich allerdings bitter rächen. Denn Torben entwickelte sich im Verlauf des *Activity*-Spiels zu einem Dödel, neben dem selbst ein Intelligenzvakuum wie Carmen Geiss noch eloquent und gebildet gewirkt hätte. Wie kann man sich beim Wörter-Erklären nur so dämlich anstellen? Bei *Activity* geht es darum, Begriffe zu erklären, ohne sie ganz oder teilweise zu nennen. Im Falle von «Bücherwurm» etwa sind die Wörter «Buch», «Bücher» und «Wurm» tabu. Und was machte er? Dieser Hirnfriedhof umschrieb Starkstrom so: «Also, wenn was … ganz schwer … nee, warte … wenn irgendwas so ganz stark mit Strom zu tun hat, dann ist das?»

Dämlich, völlig richtig. Beim Malen stellte er sich leider auch nicht viel schlauer an. Die Sanduhr rieselte unerbittlich vor sich hin, während der Kerl seelenruhig und akribisch genau einen Zug zeichnete. Genauer gesagt einen ICE in einem Bahnhof. Ich schrie also eine Minute lang auf ihn ein: «Zug! Bahnhof! Gleise! Zugverkehr! Bahnsteig! Schnellzug! Bundesbahn! Zugtrennung! …» Alles vergebens. Völlig verzweifelt fragte ich ihn, welchen Begriff er denn da gemalt habe.

«Wartezimmer!»

Und er war auch noch richtig sauer auf mich! Ich war kurz vorm Durchdrehen. Mühsam beherrscht schaute ich ihn an.

«Und warum in aller Welt malst du dann einen ICE, Gleise und einen Bahnhof?», wollte ich von ihm wissen.

«Ja, am Bahnhof muss man doch auch immer warten!»

Ich konnte es nicht fassen!

Im nächsten Anlauf malte er etwas, das sich nur als «Hitler mit Lockenperücke» beschreiben lässt. Ich habe wieder geraten wie eine Bekloppte, und was war es? Lok-Führer! Ich dachte, ich schnall ab.

Ich war selbst erstaunt, wie spontan ich Abneigungsgefühle in ungeahnter Intensität entwickeln konnte. Aber so war es. Und es kam noch schlimmer. Ich weiß nicht, ob ich das schon erwähnt habe, aber ich spiele, um zu gewinnen! Und damit meine ich nicht Zweiter werden. Niemals. Der zweite Platz ist scheiße. Vize-Meister, Silber-Medaille – hat irgendwer schon mal irgendwen bei der Fußball-Weltmeisterschaft gesehen, der im Finale verloren hatte und dann hüpfend vor Freude über den Platz gerannt ist? Nein! Dafür haben die nämlich keine Zeit, weil die auf dem Rasen liegen und sich vor Verzweiflung die Augen aus dem Kopf heulen. Weil Zweiter sein eben scheiße ist! Sonst würden die ja auch nicht heulen.

Aber für die Mission namens «Victory» hatte ich mit Torben offensichtlich den falschen Mann an meiner Seite. Nachdem das mit dem «Wörtererklären» und «Begriffemalen» also grandios gescheitert war, bin ich in meiner Verzweiflung erst einmal auf den Balkon gegangen und habe eine geraucht. Obwohl ich eigentlich gar nicht rauche. Aber ich musste mich irgendwie beruhigen, denn umbringen konnte ich den Loser ja nun auch wieder nicht. Zu viele Zeugen. Da blieb nur sich besaufen oder rauchen. Für Typen wie Torben wurde der folgende Zweizeiler erfunden:

«Entschuldigen Sie – stört es Sie, wenn ich rauche?»

«Nein, es würde mich noch nicht einmal stören, wenn Sie brennen.»

Aber es flackerte ja noch eine kleine Flamme der Hoffnung. Meine Paradedisziplin sollte erst noch kommen – und vielleicht war er auf diesem Gebiet ja genauso begabt wie ich?

«Pantomime, Torben», fragte ich, «hast du das drauf, oder soll ich besser anfangen?»

Ich hatte die Frage noch nicht zu Ende gestellt, da plusterte er sich auf wie ein Pfau im Hähnchengrill:

«Das ist voll mein Ding, Lisa – da macht mir im wahrsten Sinne des Wortes keiner etwas vor!»

«Bist du dir da ganz sicher, Torben? Noch haben wir eine kleine Chance zu gewinnen!»

Er war sich sicher. Was für seine Siegesgewissheit sprach, war die Tatsache, dass Sandra und Michi in dem Metier eigentlich genauso unfähig waren wie Torben. Sie hatten bereits zwei offene Runden verbockt, weil ich quasi schneller geraten hatte, als Sandra es pantomimisch darstellen konnte. Dafür hatten wir sechs Punkte kassiert. Dann war Torben, der selbsternannte Premiumdarsteller dran. Er zog einen Begriff, für dessen Erraten uns fünf Punkte winkten. Was auch bedeutete: Wir würden gewinnen! Wenn auch nur mit einem hauchdünnen Vorsprung. Dennoch, der Sieg lag direkt vor uns, zum Greifen nahe. Es kam nur auf Torben de Niro an, meinen Partner und Charakterdarsteller. Zunächst schaute er sich die Karte an, die er gezogen hatte. Dann stutzte er kurz, schließlich huschte ein breites siegesgewisses Lächeln über sein Gesicht.

«Das Ding ist gewonnen! Haha, das ist geil! Los, lass knacken … ich kann es gar nicht abwarten zu gewinnen!»

Sandra drehte schon leicht frustriert die Sanduhr um, da auch sie gerne gewonnen hätte. Ich war so konzentriert wie ein 100-Meter-Sprinter im Startblock. Und dann legte Torben los.

Er bückte sich und tat völlig verzweifelt, als zerre er ungemein angestrengt mit beiden Händen an einem bleiernen, massiven tonnenschweren Gegenstand. Ich schrie mir die Lunge aus dem Hals: «Tauziehen, Gewichtheben, Sackschleifer, Schleppkahn, Schleiflack, Hochzieher, Abschleppwagen, Sattelschlepper, Hebebühne, Sackzieher, Schwergewicht …!» Nichts war richtig. Also wurde ich in meiner Not immer absurder: «Elefantenschubser, Decknashorn, Monsterklöten …»

Aber Torben tippte sich nur wütend an die Stirn und kollabierte bald wegen seiner eindringlichen Darstellung. Seine Birne war hochrot und drohte jeden Moment zu platzen, als Michi freudig schrie, dass die Zeit um wäre. Pumpend und zitternd baute sich Torben vor uns auf. Wir schauten ihn alle ratlos an. Er keuchte schwer, zog geräuschvoll die Nase hoch und ließ seinem Ärger freien Lauf.

«Mann, Lisa, jetzt hab ich mich so abgerackert! Da standst du jetzt aber ganz schön auf dem Schlauch, oder? Das hätte ich mit verbundenen Augen geraten, glaub's mir! Wenn ich jetzt die Lösung sage, wirst du dich fragen, wieso du nicht da drauf gekommen bist!»

Ich fand als Erste meine Sprache wieder. Ganz ruhig schaute ich ihn an. Und wartete gespannt. Ich meine, klar, manchmal kommt man einfach nicht auf die einfachsten Sachen! Ich war also sehr neugierig und hakte nach:

«Was sollte es denn sein? Welchen Begriff hast du denn dargestellt?»

«Na, was wohl?! *Schwer-hörig*! Jetzt klingelt's auch bei dir, oder?»

Das war zu viel für mich. Ich bin komplett durchgedreht. Totaler Verlust der Selbstkontrolle. Ich weiß nicht mehr, was ich alles zu ihm gesagt habe, aber es war die riesengroße, in Schweinsleder gebundene Sonderausgabe der *Encyclopædia Britannica* namens *Fäkalbeleidigungen von A bis Z.*

Während ich wie Rumpelstilzchen durch die Wohnung tobte, hat sich Torben klammheimlich verdrückt. Laut Michi hatte er angeblich «noch einen wichtigen Arzttermin». Ja, klar. Abends, um halb zehn. Ich war jedenfalls auf 180.

«Ich ahne schon, was das wohl für ein wichtiger Arzttermin ist! Eine akute Gehirntransplantation.»

Irgendwann war es halb zwölf, und ich hatte mich dank einer Flasche Baileys wieder beruhigt. Als ich mit dem Taxi nach Hause fuhr, fragte ich den Fahrer, voll wie eine Strandhaubitze, wie er denn das Wort «schwerhörig» darstellen würde. Ohne lang zu überlegen, fasste er sich mit der Handmuschel hinters Ohr und sagte:

«Sorry, ich hab Sie akustisch nicht verstanden.»

Na, bitte, es ging doch! Leider war der gute Mann mindestens zwanzig Jahre zu alt für mich. Also ging ich alleine ins Bett und schwor mir, auf jeden Fall eine Lehre aus dem ganzen Theater zu ziehen:

Niemals würde ich mit jemandem zusammen sein können, der «schwerhörig» so dusselig darstellte wie Torben.

# Ich bin ein Eichhörnchen

Für mich als hauptsächlich abends arbeitende Mutter ist es anstrengend, spät nachts in Ruhe Fernsehen zu gucken. Natürlich nicht wegen der Kinder, die schlafen selbstverständlich schon lang, wenn ich gegen ein Uhr nachts von einem Auftritt nach Hause komme. Nein, es ist eher so: Zum Runterkommen knalle ich mich gemütlich auf mein Sofa und versuche noch einen Film zu erwischen, der gerade erst angefangen hat. Am besten mit einem Augenschmeichler wie Bradley Cooper in einem seichten Streifen, wo er die Unterhose nur auf halb acht hat und nett anzugucken ist. Nehmen wir mal an, das hat geklappt – dann stellt sich nur noch die Frage, wie viel kriegst du von Coopers Knackarsch noch mit, bevor ganz andere Hinterteile auf dem Bildschirm prangen. Will sagen: Der Film wird von der Werbung unterbrochen und ohne Vorwarnung gucken mich zwei frisch rasierte, osteuropäische Nacktelfen an und hauchen schlecht synchronisiert:

«Kommst du zu uns in Wanne, wir sind schon ganz feucht.»

Natürlich soll ich vorher noch anrufen. Was für ein Mist! Ganz ehrlich, wenn ich in der Wanne sitze, werde ich auch feucht. Könnte am Wasser liegen. Es sei denn, ich nehme Trockenshampoo. Aber mich plagt natürlich eine ganz andere einfache Frage: Was sind das für Männer, die da tatsächlich anrufen? Schließlich muss da irgendeiner anrufen, sonst würden diese Sex-Hotlines ja kein Geld für Werbung ausgeben. Und mindestens genauso wichtig: Warum lümmeln sich da nicht zwei hübsche Männer und lispeln im heißen Antonio-Banderas-Akzent: «Kommssu uns inne die Wanne, unssere Leuchtturm wird sson gansse kalte!» Weil Frauen solche Hotlines nicht anrufen, darum. Aber warum eigentlich nicht? Sind wir Frauen zu kultiviert? Fahren wir nicht auf solch einen primitiven Neandertaler-Sexismus ab? Doch, natürlich! Manchmal schon. Auch.

Aber einem Kerl ist es eben egal, ob da Megan Fox, Fox Megan oder Fix und Foxi sitzen. Hauptsache nackt und feucht. Bei uns Frauen muss es hingegen schon ein gepflegter Banderas-Cooper-Gosling sein – wobei der auch nicht einfach plump «Kommst du in die Wanne?» säuseln darf, sondern erst mal fragen muss, wie unser Tag war. Und uns zur Entspannung den Nacken massieren. Das Bad von Kerzen romantisch beleuchtet, ein paar Rosenblätter dekorativ über den Boden verteilt und ein Schluck Prosecco – das hebt unsere Laune. Wenn er uns dann beim aufmerksamen Zuhören auch noch liebevoll streichelt, stehen die Chancen gar nicht schlecht, dass der feuchte Leuchtturm geflutet wird. Klar, dass es das nicht gibt. Verdammte blühende Phantasie.

Nachts um eins gucken die meisten Frauen einfach kein Fernsehen. Die sind so kaputt vom Alltag, die schlafen im Bett den Schlaf der Gerechten. Viele Männer schlafen zwar auch abends um acht ein, allerdings meistens schnarchend auf dem Sofa. Und sie wachen unter Garantie aus unerfindlichen Gründen genau dann wieder auf, wenn in der Nachtwerbung die beiden feuchten, aufgespritzten Hartplastikgeier in der Wanne auftauchen. Das ist entweder das fortgeschrittene Alter oder das hormonelle Urprogramm. Salopp gesagt: Bei den älteren Männern klopft nachts der Granufink an, während bei den jüngeren eben noch vehement der Eichelhäher zwitschert.

Mich treiben aber noch ganz andere Gedanken um: Warum werden wir Frauen im Fernsehen eigentlich immer so klischeehaft dargestellt? Dazu braucht es gar nicht mal diese stumpfe Sexwerbung, das geht ja schon mehr oder minder subtil im Vorabendprogramm los. Ein Großteil der Werbung, die für uns Frauen gemacht wird, geht in vielen Fällen völlig an der Realität vorbei. Zum Beispiel die Pampers-Werbung. Wozu sind die Dinger da? Und jetzt mal bitte ganz ehrlich, ohne Romantik! Ich sage es euch: Eine Windel hat die Funktion, so einen richtig amtlichen Monster-Schiss hermetisch abzudichten. Damit nichts von der stinkenden Brühe auf den Autositz, den Kinderwagen oder auf Muttis neue Designerjeans durchsuppt. Aber davon siehst du in der Werbung nichts. Stattdessen: sauber schlafende Babys, sanfte Stille und glückliche Eltern, die Arm in Arm vor dem Bettchen stehen. Friedlich dreht sich über dem Bett ein süßes Mobile – mit Schäfchen, Wölkchen und einem putzigen Mond. Mobile – von wegen! Die Realität sieht völlig anders aus. Da schweben keine Schäfchen im Kreis, es schwirren dicke Fliegen umher, weil der kleine Ritter Sir Shitalot einen Monsterhaufen verklappt hat und das Kinderbett aussieht, als hätte einer unter der Bettdecke ein Glas Nutella gesprengt.

Erstaunlich, oder? Das, was in die Windel soll, wird totgeschwiegen. Tatsächlich wird ein Schluck blau gefärbtes Wasser in die offene Windel gekippt. Worum es wirklich geht, sieht man nicht. Wie krass ist das denn? Das ist praktisch wie eine Pornowerbung, wo der Handwerker tatsächlich an der Heizung rumschraubt und nicht an der arglosen Hausfrau. Oder wie ein Film mit dem Titel *Jurassic Fuck*, in dem wirklich nur Dinosaurier zu sehen sind.

Andererseits: Will ich wirklich sehen, worum es geht? Sicher nicht! Was mich nervt, ist was ganz anderes, und zwar dass die Mutter ausgeschlafen aussieht!

Ich habe mich letztens mit einer Kita-Mutter über das Thema «Werbung für Frauen und Männer» unterhalten. Sie erzählte mir, dass ihr Freund mal auf der Couch vor dem eingeschalteten Fernseher eingeschlafen war. Gegen 19 Uhr. Wenig später lief auf dem

- 168 -

Privatsender zufällig die Windelwerbung. Er atmete tief und fest. Aber wisst ihr, wann er einmal kurz gegrunzt und aufgeschaut hat? Richtig – genau an der Stelle, als die weibliche Stimme in der Werbung von der «Extrasaugkraft» sprach. Wir mussten beide sehr lachen. Sie hat ihm dann zugeflüstert: «Schatz, ganz ruhig, schlaf weiter. Es ist noch zu früh für die Wannenwerbung. Wir sind immer noch bei den Windeln.»

Mir ist natürlich völlig klar, dass Werbung nur wenig Sinn hat, wenn sie subtil und feinsinnig daherkommt. Wir sollen ja schließlich kaufen, anrufen oder bestellen. Und mal ehrlich, «subtil» halten ja sowieso sehr viele eher für einen Pflanzendünger. Subtil, Substral – ist das nicht dasselbe?

Aber es gibt eben auch geniale Werbung. Nutella ist ein gutes Beispiel dafür. Unsere Fußball-Nationalmannschaft hat jahrelang für Nutella geworben. Profifußballer preisen ein reines Zucker-Fett-Produkt an! Das ist wirklich ein genialer Schachzug, oder? Ähnlich bekloppt wäre die Behauptung, der Marlboro-Mann sei nicht an Lungenkrebs, sondern aufgrund seiner Pferdehaarallergie gestorben. Im Ernst: Darauf muss man erst mal kommen, ein Produkt wie Nutella als «gesundes Frühstück» für Leistungssportler anzupreisen: zwei Drittel Zucker, Palmfett – und früher prangte da noch meine Lieblingsaufschrift auf dem Glas: «mit dem Besten aus ⅓ Liter entrahmter Milch». Ja, was mag wohl das Beste aus einem Drittel Liter entrahmter Milch sein? Schwer zu beantworten. Da könnte ich auch fragen, was ist das Beste aus ⅓ Michael Wendler. Mittlerweile lockt Nutella nicht mehr mit diesem Zusatz. Wahrscheinlich ist es deswegen aber trotzdem nicht gesünder geworden. Vermute ich mal.

Werbung für Männer ist ganz klar einfacher an den Mann zu bringen. Weil ein Mann sich nicht fragt, ob das wirklich so sein könnte. Natürlich ist ein dickes Auto geil, ein Bier mit Kumpels

noch geiler und Werbung mit nackeligen Frauen zumindest …
äh, interessant. Wahrscheinlich denkt ein Typ, wenn er zwei
nackte Tussen in der Wanne sieht in erster Linie: «Das ist ja
toll!» Und das ist ja auch gut, insofern er dadurch wenigstens mal
wieder auf die Idee kommt, in die Badewanne zu gehen. Super!
Vielleicht an dieser Stelle noch eine kleine Bitte an die Werbe-
treibenden: Könnten die beiden feuchten Pusztaperlen sich
vielleicht in der Wanne noch die Nägel schneiden und Seife benutzen?

Liebe Männer, ich habe euch an dieser Stelle genug geschmäht.
Jetzt gehe ich auch mal mit meinem eigenen Geschlecht hart ins
Gericht. Es ist fatal und ich gebe es nur ungerne zu: So rational
ich auf TV-Werbung reagiere, so emotional fühle ich mich von all
diesen Frauen-Zeitschriften angesprochen. Meine absolut schwa-
che Seite. Das Erste, was ich gemacht habe, als mein Ex-Mann aus-
gezogen ist? Ich bin zum Kiosk, habe einen großen Stapel meiner
Lieblingsmagazine gekauft und zu Hause in der Wohnung verteilt:
*Country and Living, Home & Country, Garden & Country, Living at
Home, Schöner Wohnen, Gala, InStyle, InTouch, Bunte* … und die
ganzen Frauennamen-Magazine gleich dazu: *Brigitte, Barbara,
Grazia, Lisa, Petra, Tina.* Etwas oldschool, in der Tat – aber ein
paar dieser bunten Zeitvertreiber sollten meiner Meinung nach in
einem guten Haushalt immer herumliegen. Meine absolute Lieb-
lingszeitschrift von all diesen Klassikern ist und bleibt jedoch die
*Cosmopolitan.*

Und ich sag's ganz klar – nicht wegen der Modetrends und
Beautytipps. Nein! Wegen der unglaublich lustvollen Sexartikel.
Doll!

Die sind selbstverständlich überhaupt nicht lustvoll, sie beleidigen stattdessen die Intelligenz und Libido jeder Frau gleicher-
maßen. Weil sich mir natürlich vor allem die Frage stellt, warum

- 170 -

eine moderne Frauenzeitschrift ihren Leserinnen Sextipps gibt, die Männern Befriedigung verschaffen. Mit heißen Themen! Ja, da dampft quasi schon die Überschrift vor wonnigem Ringelpiez in sündigen Satin-Bettlaken. Kleine Auswahl gefällig?

«Sex – die neue Dimension der Lust».

«Das macht Männer willenlos!»

«Danach ist jeder Mann verrückt!»

Oder so tolle Ratgeber wie:

«Blowjob – 15 Signale, dass Mann ihn will!» 15 Signale! Donnerwetter. Ich bin fasziniert, ich kannte bisher immer nur eins! Dass Männer auf Blowjobs abfahren – geschenkt! Wie sagt meine beste Freundin Britta immer, wenn das Gespräch darauf kommt: «Kämen Männer selber bei sich unten dran, hätten sie nie gelernt, aufrecht zu gehen.»

Aber warum muss ausgerechnet eine Frauenzeitschrift auch noch darüber schreiben? Wie wäre es stattdessen mit einem Artikel zum Thema «Blowjob – 15 Tipps, wie Frau drum herumkommt!»? Oder für ein Männermagazin: «15 Tipps, wie man vielleicht drankommt!» Dazu hier an Ort und Stelle gleich Tipp 1 bis 14 kostenlos von mir: Wie wäre es mal mit Waschen? Soll was bringen. Ich habe schon vor 20 Jahren versucht, einem Urlaubsflirt diese simple Fördermaßnahme anschaulich zu erklären: «Guck mal, Timo, so 'ne Banane – wenn die abends frisch und strahlend aus der Schale kommt, dann ist die lecker. Aber wenn die den ganzen Tag ohne Schale in einer Unterhose baumelt, ungeschält joggen geht und den Rest des Tages betatscht und gekratzt wird, dann ist die abends … na ja … nicht mehr ganz so frisch. Verstanden? Oder anders ausgedrückt: Es gibt entweder die frische Salatgurke oder eine eingelegte süßsaure. Aber da kannst du reden und reden. Das kommt nicht an. Hormonblockade. Sobald das Blut unten gebraucht wird, ist oben alles Wüste und Ödnis:

kein Anschluss unter dieser Nummer. Noch so eine tolle Studie, ebenfalls in der *Cosmopolitan* gesehen:

«Was Männer beim Sex wirklich wollen – die Top Ten!»

Das muss ich nicht lesen. Das kann ich euch auch so sagen, was die beim Sex wirklich wollen: Sex. Wahlweise aber auch knattern, rappeln und dübeln, um in einer für Männer verständlichen Sprache zu bleiben. Welcher Titel schon besser war und bestimmt auch viele Ehefrauen angesprochen hat: «Mit Kopfkino zum Orgasmus».

Klar, wer kennt das Problem nicht? Welche Frau möchte beim Sex nicht in ihrer Vorstellung von einem flotten Pausensnack nach allen Regeln der Kunst im Luxus-Whirlpool verführt werden, während sie in der Realität der Gatte seekrank und mit Schwimmflügelchen durchs Wasserbett schaukelt? Britta erzählte neulich von einem Typen, «der so umständlich war und so lange gebraucht hat, dass ich mich zwischenzeitlich gefragt habe, ob schon wieder Sommerzeit ist!». Sie wusste sich als gute *Cosmopolitan*-Leserin natürlich zu helfen und hat im Kopfkino sämtliche Liebesszenen von *Lady Chatterley* nachgespielt.

Aber am allerallerliebsten mache ich die Psychotests in der *Cosmopolitan* – die liebe ich einfach über alles. Die sind so herrlich dämlich, dass sie schon wieder gut sind. Auch wenn ich schlechte Laune habe, damit kriegt man mich immer zum Lachen. Und überhaupt: Wie sonst kannst du schneller und billiger alles über dich erfahren als mit Hilfe dieser kleinen, unbestechlichen Fragen? Letztens habe ich mit Britta zusammen wieder einen ganzen Abend damit verbracht, uns dem verheißungsvollen Test «Welcher Sextyp bist du?» schonungslos auszusetzen! Britta wollte unbedingt, dass ich anfange. Ich dagegen wollte den eigentlich gar nicht machen, weil mich das Thema ausnahmsweise nicht interessierte. Ich weiß nämlich eigentlich ganz gut, welcher Sextyp ich bin. Überraschung: Ich bin nämlich jedes Mal dabei, wenn ich Sex habe! Aber Britta war in ihrem Enthusiasmus nicht mehr zu stoppen. Meine Befürchtungen hinsichtlich banaler Fragen zu einem uninteressanten Thema bestätigten sich, denn gleich die erste Frage machte die Stoßrichtung klar.

Frage 1:
Welches Tier beschreibt dich am besten?
A) Delfin  B) Wildkatze  C) Eichhörnchen.

Da habe ich natürlich Eichhörnchen gesagt. Die passen immer so süß auf ihre Kinder auf und so. Das wiederum passte meiner besten Freundin erwartungsgemäß überhaupt nicht. Ihr entrüsteter Kommentar:

«Hilfe, Lisa! Bei dir liegt ja alles brach. Oder nimmst du die Eichhörnchen wegen der Nüsse? Nee, komm – ich kreuze lieber mal Wildkatze für dich an. Das gibt gute Punkte.»

Frage 2:
Du beobachtest, wie sich dein Freund morgens für die
Arbeit anzieht. Wie reagierst du?
A) «Ich werde total heiß.»

Ich war schon gelangweilt und fiel ihr ins Wort:

«Britta, ich nehme ‹B) – Ich dreh mich um und schlaf weiter.›»

Britta war *not amused*.

«Och Mensch, Lisa. Das steht da aber nicht. Ein Container voller Birkenstock-Sandalen ist heißer als du. Jetzt mach doch mal richtig mit. Wenigstens die letzte Frage, okay? Also:»

Frage 3:
Der beste Freund deines Mannes sieht superhot aus. Wie gehst du damit um?

Ich schaute sie achselzuckend an:

«Ich versteh die Frage nicht, Britta – schließlich hab ich die Kinder behalten und den Mann abgetrieben! Sag mal, wer hat den Test eigentlich geschrieben? *Bernd das Brot*? Was soll denn bei solchen Fragen eigentlich als Ergebnis rauskommen?»

Sie ignorierte meine Einwände und rechnete vor sich hin. Dann rief sie triumphierend:

«69! Warte, ich lese es dir vor!»

Ich war bedient und nahm ihr das Heft aus der Hand.

«Quatsch, gib her, ich lese selber: ‹Warten Sie weiterhin auf Ihren Märchenprinzen, der Sie auf Händen trägt und den Haushalt macht.› Na, also. Bist du jetzt zufrieden?»

Nein, Britta war nicht zufrieden.

«Was? Das steht da doch nie und nimmer. Das hast du dir doch gerade ausgedacht.»

Meinen Einwand, dass ich nicht mit dem Blödsinn angefangen hätte, wollte sie nicht gelten lassen. Stattdessen zog sie mit einem beleidigten «Dann mache ich den lieber allein zu Hause!» ab und überließ mich meinem Schicksal. Seitdem mache ich nur noch die Psychotests aus der *medizini*. Die kriege ich in der Apotheke immer für die Kinder mit. Super – die kostet nix, da sind schöne Bilder drin, und die Tests sind richtig niedlich und total harmlos. Neulich habe ich mal wieder einen gemacht: «Welches Tier bist du?» Und was ist rausgekommen? Na? Richtig. Ich bin ein Eichhörnchen. Sag ich doch.

# Lightning McQueen

Es gibt Sachen, die verstehe ich einfach nicht. Traubenzucker für Kinder von der Apothekerin ist zum Beispiel so eine Sache, die mich ratlos zurücklässt. Der Tathergang dürfte allen Eltern mit kleinen Kindern bekannt sein: Ich gehe mit meinem Sohn in eine handelsübliche Apotheke unserer Wahl. Adler-, Bären- oder Hirsch-Apotheke. Wahlweise auch Barbara-, Hubertus- oder Martin-Apotheke. Denn in Deutschland werden Apotheken hauptsächlich nach Tieren oder Heiligen benannt. Das mit den Heiligen kann ich schon irgendwie verstehen, da steckt das «Heilen» ja quasi drin und ist schnell erklärt. Aber leben Adler und Bären etwa gesünder als ein Sägerochen oder ein Komodowaran? Warum gibt es keine Kellerassel-Apotheke? Wieso müssen es immer dieselben Viecher und Heiligen sein? Mit etwas Phantasie könnte man doch seine Apotheke von «St. Martin» in «St. Marvin» umbenennen. Und wenn ich so ein Alt-68er wäre, dann gäbe es für mich sowieso nur einen Namen: Apo-Theke! Aber lassen wir das, der Name der Apotheke ist jetzt nicht so wichtig. Es spielt auch überhaupt keine Rolle, ob man selbst krank ist oder gesund wie ein Hirsch. Dasselbe gilt für das Kind. So weit, so gut. Über eine Sache dürfte aber Einigkeit bestehen: Man geht zu 99,9 Prozent in eine Apotheke, um Medikamente zu kaufen. Damit man gesund wird oder bleibt. Alles klar. Bis dahin ist also alles noch im Einklang mit dem Universum der Logik. Doch dann passiert es: Ich bin leicht erkältet und brauche ein paar sinnvolle Gesundmacher.

Ich betrete also mit der Frucht meines Leibes an der Hand den gut sortierten Pillen- und Salbenkiosk und bestelle Meerwasser-Nasenspray, einen Flachmann Klosterfrau Melissengeist (besteht zu 79 Prozent aus Alkohol, knallt besser als Absinth, ist aber – Vorsicht! – auch viel gesünder) sowie eine Packung Ibuprofen. Je älter ich werde, desto knackiger bin ich nämlich auch. Morgens zum Beispiel: Ich stehe voller Elan auf und in allen Gelenken knackt es schmerzhaft. Das sind diese Morgen, an denen ich der Ansicht bin, dass Ibuprofen unter ärztlicher Aufsicht ins Grundwasser gehört. Aber ich will nicht abschweifen.

Ich bezahle also meine Medizin und will gerade gehen, da wendet sich die Apothekerin voller Güte an meinen Sohn und fragt im samtweichen Tonfall: «Möchtest du ein paar Traubenzucker-Bonbons?»

Ehe das Kind den Mund aufmachen kann, höre ich mich schon resolut antworten:

«Nein, möchte er nicht. Traubenzucker ist nämlich nicht gut für die Zähne. Zucker ist sowieso sehr ungesund. Wir essen überhaupt alle viel zu viel Zucker. Überall ist Zucker drin, sogar in Pizza und sauren Gurken. Und jetzt kommen ausgerechnet *Sie* als Vertreterin eines medizinischen Gesundheitstempels daher und wollen mein Kind mit diesem miesen, industriellen Giftzeugs verseuchen und verfetten. Sie sollten sich schämen! Warum bieten Sie den Kindern nicht lieber Rohkost an? Eine Möhre, ein Stück Apfel oder etwas Gurke? Wie wär's mit einer Banane? Nein, darauf kommen Sie nicht! Mit Gesundheit wollen Sie schließlich ordentlich Geld verdienen, um dann in ihrem beschissenen Porsche-SUV feist und pomadig durch die Innenstadt gurken zu können und die Luft teuer zu verpesten. Und nur deswegen mästen Sie unsere Kinder lieber verantwortungslos mit Zucker! Was zahlt Ihnen die zahnärztliche Vereinigung eigentlich für Ihre widerlichen Traubenzucker-Attentate auf wehrlose Kinder?»

Schrill hallt meine Stimme durch die altehrwürdige Apotheke. Mehrere andere Kinder fangen an zu weinen und werden von ihren Müttern getröstet, die peinlich berührt auf den Boden gucken. Die Apothekerin versucht mich erschrocken zu beruhigen. Aber ich bin gerade erst so richtig schön in Fahrt gekommen. Mein Furor ist nicht mehr zu stoppen.

«Ja, jetzt tut es Ihnen leid, aber jetzt ist es zu spät! Ich habe jahrelang stillschweigend dabei zugesehen, wie Sie und Ihre Kolleginnen mit Ihrem Zuckerterror die Kinder dieser Stadt aggressiv und krank gemacht haben. Aber in unserem Fall ist Ihnen das glücklicherweise nicht gelungen, denn ich habe Gott sei Dank dafür gesorgt, dass meine Kinder Ihren verdammten Traubenzucker nicht essen. Die Bonbons habe ich nämlich vorsorglich alle selber gefuttert. Aber sollten Sie mir oder meinem Kind noch ein einziges Mal diese Plutoniumdextrose anbieten, dann werde ich nicht mehr so freundlich sein. Dann komme ich mit einer großen Kettensäge wieder und zerlege Ihnen Ihre Traubenzucker-Fukushima-Apotheke in tausend Einzelteile, kapiert?!»

Von irgendwo aus ganz weiter Ferne dringt die Stimme meines Sohnes an mein Ohr. Außerdem rüttelt jemand an meinem Arm:

«Mama, was ist mit dir? Träumst du?»

Irritiert guckt mich die Apothekerin an.

«Geht es Ihnen gut? Wollen Sie sich vielleicht kurz hinsetzen? Nehmen Sie mal schnell ein paar Traubenzucker-Bonbons, die sind gut für den Kreislauf und geben Ihnen einen Energieschub. Und hier haben Sie auch noch welche für den Kleinen.»

Dankbar nicke ich und schaufele mir leicht verwirrt eine Handvoll dieser köstlichen, gesunden Energiekraftwerke in den Mund. Augenblicklich geht es mir besser und ich ermahne meinen Zögling, schön langsam zu lutschen, damit der Zucker gleichmäßig wirken kann. Ich verlasse die Apotheke mit dem guten Gefühl, dass die Menschen dort genau wissen, was gut und gesund für ihre Kunden ist. So ein kleines Traubenzucker-Bonbon, das sollte man immer dabeihaben. Und nicht nur für die Kinder. Nett, dass die Apothekerin diese harmlose Medizin einfach so verschenkt. Ich verstehe wirklich nicht, wie sich einige Eltern maßlos über so etwas aufregen können. Da gibt es doch nun wirklich Schlimmeres!

Zum Beispiel diese Schaukelautomaten, die überall herumstehen. Gerne vor Spielzeuggeschäften. Oder in Einkaufscentern. Diese heimtückischen Geldfallen machen das unbeschwerte Einkaufen oft zu einem angstgetriebenen Spießrutenlauf.

Letzte Woche war es wieder so weit. Am Samstagnachmittag bekam ich Lust auf einen kleinen Shoppingbummel in unserem Einkaufszentrum. Eine selten dämliche Idee, denn in dem proppevollen Konsumtempel ging es zu wie in der Rushhour von Kalkutta. Nur mit mehr Menschen. Dafür aber genauso heiß. Im Einkaufszentrum wohlgemerkt. Draußen war es so bitterkalt, dass ich dem bettelnden Yeti vor der Eingangstür noch ein paar Euro in den gefrorenen Hut geworfen habe. Drinnen jedoch, direkt hinter der gläsernen Schwingtür, empfing uns die schweißtreibende Hitze eines türkischen Dampfbads. Bereits nach drei Schritten hatten sich die Daunen meiner Winterjacke mit fünf Litern Schweiß vollgesogen. Tonnenschwer hing die Jacke an mir. Durch den feuchten Ausdünstungsnebel von gefühlt drei Millionen Menschen irrte ich zielstrebig auf H & M zu, um dem Kind eine neue Mütze zu kaufen. Das war leider nötig, weil eine Mütze in der Schule geblieben war, eine zweite bei Oma im Auto vergessen wurde, die dritte wahrscheinlich in einer der Mülltonnen entlang des Schulwegs lag und die vierte, nun ja, «die kratzt so». Bis zu diesem Zeitpunkt hatte mich das mit den Mützen nicht *so* sehr gestört, doch je weiter ich mich durch diesen Wahnsinn durchkämpfte, umso stinkiger wurde ich.

Mittlerweile schwitzte ich wie ein Schwein in der Sauna. Ungefähr drei Liter Schwitzwasser rauschten mir ungebremst durch den Klempnerpfirsich direkt in die stylischen Ugg-Boots. Jeder Schritt fühlte sich an wie eine Wattwanderung von Hallig Hooge nach Pellworm. Erschwerend kam hinzu, dass sich die ebenfalls schlecht gelaunten Kinder offenbar nur bewegten, weil ich sie an beiden Händen hinter mir herzog wie nasse Säcke. Nur noch zwanzig Meter von H & M entfernt, das Ziel vor verschwiemelten Augen, ging dann aber auf einmal gar nichts mehr. Warum? Was war los?

Was los war? Der jüngere meiner beiden Schleifsäcke stand mit leuchtenden Augen vor einem dieser besagten Schaukelautomaten. Es handelte sich hierbei um einen blinkenden Lightning McQueen, der alle fünf Sekunden mit Blechtrötenstimme «Kachao!» und «Ich bin Speed!» direkt in sein Kinderhirn trompetete. Diese verdammten Automaten. Sind die Kinder klein, kann man diesen Geldfallen ja noch entkommen. Da reicht es, wenn man dem Nachwuchs treuherzig in die Augen schaut und versichert, dass die Mami gar kein Geld dafür hat, weil das Auto viiiieeeeel zu teuer ist. Aber mit seinen sieben Jahren wusste mein kleiner Schatz natürlich schon längst, dass Mami das Geld hatte und nur nicht rausrücken wollte. Er war ja nicht doof. Nur ungeheuer nervig, wie er da so stand vor diesem albernen, blinkenden McQueen. Und mich mit flehenden Augen um einen Euro anbettelte. Mein Mutterherz war sogar ein bisschen gerührt. Fast hätte ich einen Euro springen lassen. Doch unglücklicherweise saß schon ein glücklicher türkischer Junge auf Lightning McQueen. Und dessen Vater schien mehr als nur bereit zu sein, diese Eurofresserschaukel mit einem unerschöpflichen Vorrat an Ein-Euro-Münzen zum Schuckeln zu bringen. Völlig absurd. Wie kann man nur! Das Gesicht meines Sprösslings wurde von Minute zu Minute länger. Währenddessen juchzte der kleine Fahrer von McQueen immer lauter zum mechanischen Gebrabbel des Automaten.

Was faselte die bunte Schaukel da eigentlich? Nach wie vor nur «Ich bin Speed! Ka-chao!» Lächerlich! Das Ding eierte so lahm – selbst Frau Schabowski aus dem zweiten Stock schaukelte mit ihrem Rollator im Schiebebetrieb wilder als das blinkende Groschengrab. Und schneller war sie auch, selbst im Rückwärtslaufen. «Ich bin Speed!», dass ich nicht lache.

Überhaupt – was waren das nur für arme Volltrottel, die sich vor ihren Kindern zum Affen machten und ein Vermögen für ein bisschen müdes Geeier verpulverten! Das konnte er wirklich einfacher haben. Da brauchte er sein herziges Blag doch nur auf die Schultern zu nehmen und mit ihm durch das Gedränge zu eiern – das schuckelte unter Garantie mehr. Manche Eltern hatten eben die Kontrolle über sich und ihren Erziehungsauftrag verloren. Echt traurig. Außerdem musste man so einem Kind doch klarmachen, dass Geld nicht auf den Bäumen wächst. Mit solchen Geräten wurde doch ganz klar der Grundstein für eine spätere Spielsucht gelegt. Wer da für sein Kind Geld reinschmiss, durfte sich nicht wundern, wenn es später in der Spielothek vorm Daddelautomaten saß, Heroin trank und Haschisch spritzte. Oder zu viel Kaffee kaute. Dieselben Eltern kauften ihrer nörgelnden Brut wahrscheinlich auch Quengel-Kaugummis und Nörgel-Duplos an der Supermarktkasse.

Gut, das muss jeder selbst wissen, ob er ein Erziehungsversager sein will. Aber ich als anständige, verantwortungsbewusste Erziehungsberechtigte werde da ja jedes Mal voll in dieses pädagogische Fehlverhalten mit hineingerissen! Jetzt musste ich also meinen Kindern klarmachen, dass jeder Euro, der in diesem Schlitz verschwand, keine guten Menschen aus ihnen machte. Ich kniete mich schwerfällig hin und sprach meinen Jüngsten an: «Wie wollt ihr das Elend in Afrika begreifen, wenn ihr hier einfach so für eine Minute Schaukeln ein Vermögen verschleudert? Wie wollt ihr lernen, nein zu sagen bei wichtigen politischen gesellschaftlichen Prozessen, wenn ihr hier schon bei dieser wackelnden Klappermöhre nicht widerstehen könnt?» Der Kleine guckte mich fragend an. Sein älterer Bruder schüttelte resigniert den Kopf. Mir egal. Ich wollte nicht länger vollgeschwitzt in meiner dicken Winterjacke hier stehen und diesem lächerlichen Schauspiel beiwohnen. Das musste jetzt ein Ende haben.

Und richtig. Das Ding hörte auf, McQueen hielt endlich die Klappe. Sein Fahrer leider nicht. Er heulte und weigerte sich, aus dem mucksmäuschenstillen Auto auszusteigen. Weil sein Vater es ablehnte, weitere zwanzig Münzen in den Geldschlitztank von Lightning zu schmeißen. «Nix mehr da. Kohle weg.» Mit Mühe und Not hob der eben noch verständnisvolle Geldspender seinen jallernden und sich heftig sträubenden Sohn aus dem Apparat. Da tickte der kleine Sultan vom Bosporus komplett aus. Mit der Stimme einer schwangeren Luftschutzsirene brüllte er das gesamte Einkaufszentrum zusammen und begann, vor Wut mit der Faust die ersten Granitplatten aus dem Boden zu schlagen. Gleichzeitig versuchte die kleine Spuckratte seine Eltern mit hartgewordenen Brötchenresten zu bewerfen. Schlimm! Wie konnte man nur so die Kontrolle verlieren! Wenn das meiner gewesen wäre … ich war kurz davor, das Jugendamt zu rufen. Meine Jungs verfolgten das Spektakel mit weit aufgerissenen Mündern und Augen.

Irgendwann zog der Tross schließlich mit dem heulenden Wutknochen von dannen. Ich wollte nun endlich auch weiter, bevor mir das Schwitzwasser endgültig aus den Stiefeln schwappte. Ich zog also an den Armen der Kinder, als ich klar und deutlich die Stimme meines Jüngsten vernahm:

«Mami, hast du mal 'nen Euro?»

Souverän entgegnete ich:

«Ja. Aber nicht für so einen Mist.»

«Bütte! Nur einmal!»

«Nein.»

«Bütte, bütte, Mami, bütte, nur einmal!»

Ich mag es überhaupt nicht, wenn Kinder beim Betteln immer ein «ü» statt einem «i» sagen.

«Nein. Ich habe es dir doch schon hundertmal erklärt, dass ich für so einen Baby-Scheiß ...»

Jetzt schaltete der kleine Bettler auf unverschämt.

«Das ist kein Scheiß, das ist *Cars*!»

Ich wurde auch sauer und stellte etwas klar, was mich schon immer genervt hat.

«Das ist nicht *Cars*, das Auto heißt Lightning McQueen. Der ganze Film heißt *Cars*. Das kann doch nicht so schwer sein! Das habe ich dir doch schon tausendmal erklärt. *Cars* ist falsch. *Cars* ist doch kein Name. Warum ...»

Zu allem Überfluss wurde das Kind auch noch frech. Mein eigen Fleisch und Blut!

«Ich will aber *Cars*! Nie gibst du mir Geld für *Cars*. Du bist gemein. Einmal nur. Eiiiiiiiinmal! Würklich! Einmal, ach bütte!»

Ich blieb hart. Nein, ich ließ mich doch nicht erpressen.

Während ich versuchte, das Kind mit Gewalt von dem blinkenden McQueen wegzuzerren, ohne dass es aussah, als würde ich das Kind mit Gewalt von dem blinkenden McQueen wegzerren, mischte sich ein offensichtlicher Kinderversteher in meine Erziehung ein. Na prima, das brauchte ich jetzt so dringend wie ein abgebrochenes Stück rostigen Nagel im Knie!

«Mein Gott, junge Frau, wo ist denn das Problem? Jetzt lassen Sie den Lütten doch eine Runde fahren. Wir waren doch auch mal klein!»

Ich hatte nicht übel Lust, dem Mann eins in seine dumme Visage zu zimmern. Ich versuchte hier, mein Kind zu erziehen, und Super-Opi fiel mir ungebeten in den Rücken. Überrascht von meiner Aggressivität wandte ich mich dem älteren Herrn zu und entgegnete mit mühsam erzwungener Freundlichkeit:

«Na, dann können *Sie* ihm ja den Euro geben.»

Hätte ich doch bloß meine Schnauze gehalten! Ohne mit der Wimper zu zucken zündete der rüstige Sozial-Opi die zweite Eskalationsstufe.

«Komm her, mein Kleiner, hier haste fünf Euro. Fahr du mal schön mit *Cars*.»

Ich biss mir vor Wut die halbe Unterlippe weg. Was für ein Blödmann! Mühsam beherrscht zischte ich meinen Sohn an:

«Ich warne dich, Freundchen! Wehe, du nimmst das Geld an!»

Sowohl Super-Opi als auch mein Sohn ignorierten mich komplett.

«Ja, dann stecke ich es halt selber da in den Schlitz rein. Setz du dich schon mal drauf, Kleiner!»

Der Kleine gehorchte prompt. Ich war kurz vor der Hysterie.

«Wie bitte?!»

Zuckersüß wie Rolf Zuckowski wies der unverschämte Kinderversteher mich zurecht.

«Ich kann mit meinem Geld machen, was ich will, junge Frau. Wenn Sie zu geizig sind, Ihrem Kind mal eine Freude zu machen, dann mache ich das eben!»

Ich war stocksauer, allerdings nur innerlich. Äußerlich wirkte ich so freundlich wie der Charmin-Bär und sah hilflos mit an, wie der erste von fünf Euro in den Schacht klimperte. Traurig, wenn alte Leute ihre kleine Rente so verantwortungslos verzockten. Aber sich hinterher im *heute journal* lautstark beschweren, dass der Golden Toast schon wieder zwei Cent teurer geworden ist!

Offensichtlich war der rüstige St. Martin auch noch Gedankenleser.

«Ich hab zwar nicht viel Rente, aber für so glückliche Kinder reicht es noch. Ihr jungen Leute habt noch viel zu lernen. Thermomix und 'nen dicken Geländewagen vor der Tür, aber keine Mark für ein Kinderlachen.»

Ich schaute ihn fassungslos an. Darf man Rentner verprügeln? Nein, natürlich nicht. Und das ist ja grundsätzlich auch gut so. Deswegen verlegte ich mich auf sachliche Argumente:

«Sie wissen aber schon, dass das jetzt Euro heißt?»

Ja, dazu fiel Mr. Super-Nanny auch nix mehr ein. Außer Kopfschütteln. Ich schämte mich derweil zu Tode. Wie lächerlich das aussah! Ein Siebenjähriger auf diesem Minifurzteil. Das sah aus wie ein Affe auf dem Schleifstein. Das blöde Ding rüttelte wie ein seekranker Mixer und laberte die ganze Zeit vor sich hin. «Kachao! Ich bin Speed!»

Drei Stunden später waren fünf Minuten um und mein kleiner Brutus stieg strahlend aus dem Teil aus. Er klatschte sich mit seinem Gönner ab, der sich dann würdevoll und ohne mich eines Blickes zu würdigen vom Acker machte.

«Der war aber nett, der Mann, ne Mama? Fünf Euro hat der mir gegeben! Das ist viel, ne Mama? Dabei kannte der uns gar nicht!»

Ein weiteres Mal versuchte ich mit Vernunft an den Verstand meines Kindes zu appellieren.

«Okay, das war jetzt nett. Aber es war nicht richtig! Der Mann darf sich da nicht einmischen. Ich hatte nein gesagt. Und das hätte der Mann respektieren müssen. Und mein lieber Freund – du auch! Das sag ich dir, so eine Nummer ziehst du nicht noch mal ab. Nein heißt nein. Haben wir uns da ganz klar verstanden?»

Nach kurzer Überlegungspause schaute mich mein Sohn verständnisvoll an. Endlich hatte es wohl klick gemacht bei ihm.

- 184 -

«Jetzt weiß ich's, Mama! Wahrscheinlich findet der *Cars* auch so gut.»

Ich schwieg. Ich redete nicht mit dummen Bettelkindern, die immer *Cars* sagten, obwohl das Auto Lightning McQueen hieß. Selbst, wenn es meine eigenen waren. Stattdessen marschierte ich schnurstracks zu H & M. Im schwedischen Textilbunker ging dann alles ganz schnell. Mein Sohn entschied sich spontan für eine Mütze, auf der eine dieser grellen Lego-Ninjago-Figuren abgebildet war. Schlicht und doch geschmacklos. Also versuchte ich ihm eine andere einzureden:

«Hier, guck doch mal – wie findest du denn diese hier? Die ist doch von *Cars*!»

Ich hörte nicht mehr, wie der kleine Besserwisser mich tadelnd verbesserte und irgendwas daherquakte, was wie «Leitming Kwiehn» klang. Ich war müde, kaufte die Lego-Mütze und akzeptierte, dass es Sachen gab, die ich einfach nicht verstand. Ich hatte nicht übel Lust, mich mit ein paar Traubenzucker-Bonbons auf *Cars* zu setzen. Vielleicht kam ja ein schmucker Prinz auf einem weißen Schaukelpferdautomaten vorbei und holte mich hier raus. Oder warf wenigstens ein paar Euro in den Automatenschlitz. Ein schöner Gedanke.

# #MeToo

Für mich als Frau, die in der Unterhaltungsbranche arbeitet, kam die #MeToo-Debatte nicht sonderlich überraschend. Männer dominieren in diesem Geschäft, und Frauen sollen in erster Linie gut aussehen: hohe Schuhe, schickes Kleid, gute Figur – alles getreu dem Motto «Die Welt steht ihnen offen, wenn ihre Bluse dasselbe tut». Alle, die sich mit dem Thema «Showbusiness» ernsthaft auseinandergesetzt haben, kennen wenig subtile Ausdrücke wie «Besetzungscouch» oder die «mündliche Abnahmeprüfung». Von den alltäglichen, leicht übergriffigen Anmachsprüchen will ich gar nicht erst anfangen, sonst wird das hier eine Riesenschwarte wie seinerzeit der *Große Brockhaus*. Als Mutter ist so ein schwieriges Thema ein regelrechter Albtraum. Im Radio, im Fernsehen, auf der Straße und sogar auf dem Schulhof tönt es von allen Seiten nur noch #MeToo. Für meine beiden Kinder gab es doch bis jetzt nur #Pokemon, #Yakari oder #Winnetou. Wie erkläre ich ihnen bloß, dass es von #Winnetou zu #MeToo – abgesehen von der ähnlichen Aussprache – ein weiter Weg ist? Vom edlen Indianerhäuptling zum ekligen Frauenbetatscher sozusagen.

Da draußen lauert eine böse Welt und schwappt mit ihrer Brühe in mein kuscheliges Heile-Welt-Kinderzimmer. Das muss doch nicht sein. Das macht mich wahnsinnig. Das geht mir wirklich auf den Sack! Und wo wir schon mal dabei sind: Ist euch schon mal aufgefallen, dass alles, was tierisch nervt, vornehmlich männlich ausgedrückt wird? «Das Thema geht mir auf den Sack!», «Der Typ geht mir auf die Nüsse!», «Die Wartezeit beim Arzt geht mir voll auf die Eier!» Selbst wenn es egal ist, dann ist es

- 186 -

den meisten immer noch «latte»! Da macht sogar die absurdeste Variante der Genderisierung nicht mit: «Das geht mir auf die Eierstöcke!» oder «Das geht mir auf den Uterus!» hat sich einfach nicht durchgesetzt. Gut so. Wir Frauen nerven ja auch nicht. Nie! Neulich sagte eine Mutter vor der Schule zu mir: «Na, Gott sei Dank haben wir Jungs, ne? Da brauchen wir uns um die sexuelle Belästigung unserer Töchter ja keine Gedanken zu machen.» Eine Woche später steht sie mit aschfahlem Gesicht vor mir. Ein Bild des Jammers. Die Nägel runtergekaut, die Haare strähnig und splissig, dunkle Augenringe wie ein liebeskranker Pandabär. Hastig zieht sie an ihrer E-Zigarette, mit einer Intensität, als wolle sie den gesamten Smog von Peking wegsaugen. Eigentlich gefällt es mir sogar ganz gut, wie sie da so leicht abgerockt vor sich hinächzt. Gegen Melanies Trauerweidenlook sehe ich selbst in meinen gefütterten Crocs noch aus wie Beyoncé auf Louboutins. Gleichzeitig verleiht mir diese momentane Überlegenheit eine besondere Milde und Güte:

«Du, Melanie, was ist denn los? Hm? Du siehst ja aus, als hätte Donald Trump mit offenem Trenchcoat im Stadtpark auf dich gewartet!»

«Ach, Lisa.» Sie bebt am ganzen Körper. «Letzte Woche sage ich noch zu dir: ‹Gut, dass wir Jungs und keine Mädchen haben.› Du weißt schon, wegen diesem ganzen Missbrauchsscheiß. Und jetzt wollen meine Jungs ausgerechnet Messdiener werden!»

Tröstend lege ich meinen Arm um sie.

«Ich weiß, was du meinst, Melanie! Aber in diesem speziellen Fall musst du dir doch wirklich keine Sorgen machen. In unserem kleinen Dorf weiß doch wirklich jeder, dass Pfarrer Bölkenhorst regelmäßig seine Haushälterin durchrappelt. Da kannst du völlig beruhigt sein. Da hätte ich eher Schiss, dass sie von diesem miesen Tetra-Pak-Messwein probieren.»

Melanie atmet spürbar durch und muss sogar ein bisschen lachen.

«Hast ja recht, Lisa. Wenn die da mal mit einem Snickers nach Hause kommen, muss ich mir wirklich keinen Kopp machen.»

Stimmt, unser Pfarrer und seine Haushälterin, die sind schon okay. Ich glaube, die lieben sich wirklich. Von sexueller Belästigung am Arbeitsplatz ist Pfarrer Bölkenhorst so weit weg wie Heidi Klum vom Fernstudium. Und man kann ja auch nicht alle über einen Kamm scheren. Ich selbst habe eine sehr glückliche Kindheit als Messdienerin gehabt. Mit Zeltlagern und Jugendgruppe und allem Drum und Dran. Bezeichnend für unsere Gesellschaft ist der bisher eher stammtischartige Umgang mit diesem Thema. Auch in diesem Zusammenhang ist manchem Mann kein Spruch zu blöd: «Sexuelle Belästigung am Arbeitsplatz? Super, da bin ich dabei! Wann geht's los? Höhöhöhöhö!»

Ja, sexuelle Belästigung – wann geht es los? Ich würde sagen: Genau da! Da geht es los! Wenn alles nur noch auf «Witzchen» und «harmlose Klapse» auf den Hintern runtergeredet wird. Und zwar nicht von uns Frauen. Du musst noch nicht mal etwas dagegen sagen, es reicht schon, dass du nicht mitlachst. Dann bist du sofort eine verbitterte, verhärmte, spießige, unlockere Ziege, die entweder gerade ihre Tage hat oder mal wieder richtig durchgeschrubbt werden muss.

Abgesehen davon, dass die männliche Vorstellung von Sexualität immer noch oft genug auf dem Wunschgedanken basiert, dass nur der Mann Bock haben muss, finden sich selbst in den banalsten Themen interessante Spuren der unterschiedlichen Weltwahrnehmung von Mann und Frau. Illustrierte zum Beispiel: Es gibt gefühlt mindestens 30000 Zeitschriften für Frauen: *Petra, Brigitte, Barbara, Lisa, Bella, Tina, Für Sie, Elle, Frau aktuell, Freundin* … Die Liste ließe sich noch lange, sehr lange fortführen. Ich warte bis heute vergeblich auf die neue *Für Ihn, Mann im Spiegel, Freund* bzw. *Jochen, Ulf, Manni* oder *Torben*. Wie gerne würde ich mal im Zug eine solche Unterhaltung zwischen zwei Typen belauschen: «Du, sag mal, hast du schon den interessanten Artikel über die 14-Tage-Bier-Diät in der neuen *Ulf!* gelesen?» – «Nein, aber mir hat die Modestrecke ‹Jens Spahn zeigt die neuesten Kassengestelle von Fielmann› in der letzten *Für Ihn* sehr gut gefallen.» Werde ich wohl nie hören. Schade. Und wenn es mal neue Zeitschriften für Männer gibt, dann heißen die *Beef!* oder *Fire & Food*.

Hurra, die Steinzeit lässt grüßen! Herrlich, wie simpel! Fire, Food und Beef. Als hätte die Evolution nie stattgefunden und als wäre es immer noch so: Kernige Männer machen viel! Sie machen Feuer und jagen unerschrocken viel … *Fleisch!* Und bevor er sich auf diese gefährliche Mission begibt, sagt die Frau zum Abschied vor der Höhle zu ihrem Kevin: «Bitte achte darauf, nicht wieder so ein fettiges Mammut mitzubringen. Wir machen doch jetzt eine Woche Low-Fat.» Da haben wir es doch: Feuer, Fleisch – fehlt nur noch Ficken. Das männliche Äquivalent zu Kinder, Küche, Kirche. Selbst der moderne Mann kommt oft nicht gegen jahrtausendalte Verhaltensmuster an.

Kleines Beispiel aus jüngster Vergangenheit. Ich fahre mit einem Kollegen zusammen zu einem Auftritt. Irgendwann müssen wir tanken und wollen unsere stattliche Sanifair-Bon-Sammlung gegen zwei Flaschen Cola und eine Riesen-Trucker-Bockwurst mit Senf eintauschen. Beim Bezahlen steht vor uns so ein durchschnittlicher Business-Typ. Audi A6, grauer Anzug, Lederschühchen: «Einmal Säule 2, einen Underberg und die neue *Dicke Titten!*»

Ich bin sprachlos und ringe fassungslos nach Luft. Das gibt es doch nicht! Wie kann man nur, wie kann *Mann* nur? Entrüstet wende ich mich an meinen Kollegen, der den Vorfall ebenfalls interessiert verfolgt hat. Ich mache keinen Hehl aus meinem Unmut und flüstere ihm halb entrüstet, halb amüsiert ins Ohr: «Hast du das mitbekommen? Das ist ja kaum zu glauben! Dem ist ja wohl gar nichts peinlich! Wie schmerzfrei muss man eigentlich sein, um …?» Weiter komme ich nicht. Auch mein Beifahrer kommt angesichts des Vorfalls nicht mehr umhin, seiner Spezies die Solidarität zu entziehen. Selbstverständlich, alles andere wäre auch mehr als nur schändlich. Um ihm jedoch eine kleine, wohlmeinende Brücke zu bauen, lege ich noch mal vor: «Ey, ich fasse es einfach nicht! Kindersitz im Auto, Ehering am Finger und dann hier einfach …»

«… einen Underberg kaufen. Tststs! Manche haben einfach keinen Stil. Alkohol am Steuer geht echt gar nicht. Vielleicht mal 'n Bier, aber das ist ja auch kein Alkohol», fällt mir mein Bühnengenosse ins Wort und vollendet angewidert meine angefangene Moralpredigt.

Entgeistert schaue ich ihn an. Mehrere Gedanken schießen durch meinen Kopf. Darf man Männer an der Autobahn aussetzen? Wird es jemanden geben, der kein Verständnis dafür hat, wenn ich diesen stumpfen Bastard an der Leitplanke anleine und seinem Schicksal überlasse? Der Trottel scheint meine Gedanken jedenfalls nicht lesen zu können, denn er bleibt erfrischend stumpf.

«Öhh, wollen wir mal weiterfahren, Lisa? Sonst kriege ich noch Durst auf ein frisches Pilsken!»

Ja, so sind sie, die Männer. Ich verallgemeinere ja nicht gerne, aber bei Männern trifft es halt fast immer zu. So! Hätten wir das auch mal wieder geklärt. Eine Illustrierte namens *Dicke Titten* – da gibt es wenig Interpretationsspielraum. Es handelt sich hier wohl zweifellos um ein seriöses Nachrichtenmagazin mit Panini-Bildchen von großbrüstigen Politikerinnen. So ein Heftname ist einfach nur frauenverachtend und in keiner erdenklichen Form zum Schmunzeln. Sicherlich brauchen wir uns hier an dieser Stelle keine Gedanken darüber zu machen, ob Pornos existieren sollten, nur weil sie lustige Titel haben. Wie zum Beispiel *Auf Schloss Bums klappern die Nüsse* oder *Im Kerker der Analmiliz*. Ganz klar: Nein. Aber *Dicke Titten*? Da heißt es ja nur noch stumpf ist Trumpf. Das gibt es eben nur für Männer. Oder habt ihr schon mal an der Tanke eine Lady im Kostümchen beim Bezahlen sagen hören: «Einmal Säule 2, eine Dose Prosecco und die neue *Dicke Eier*!» Und damit meine ich nicht die Extra-Oster-Beilage in der *Landlust*! Wenn ich Eier aus Freilandhaltung sehen will, dann gehe ich an den FKK-Strand. Dafür brauche ich kein Schmuddelheftchen.

Klar, wenn ich jetzt Alice Schwarzer wäre, dann würde ich den Fall ganz simpel beurteilen und natürlich völlig korrekt feststellen: Der Mann hat seine Achillesferse nicht am Fuß, sondern im Schritt. Dazu an dieser Stelle einen meiner Lieblingswitze über Männer:

Erwacht eine Gehirnzelle in einem männlichen Gehirn. Erschüttert über die gähnende Leere ruft sie verzweifelt: «Hallo, ist hier jemand? Hallo? Warum ist denn hier keiner? Haaaaaaallooo?!!?» Zufällig kommt eine zweite Gehirnzelle vorbei und spricht sie an: «Was machst du denn hier? Komm mit, wir sind alle unten!»

Witze sind oft Klischees und bedienen Vorurteile. Dieser Witz aber nicht, der stimmt. Hihi …! Aber, meine lieben Ritter der Schwafelrunde – ich bin nicht Alice Schwarzer. Und das ist auch gut so. Nur weil ich gegen sexuelle Belästigung bin, habe ich doch nichts gegen einen amtlichen Beischlaf, Koitus, GV, Lenden-Macchiato, Matratzenmambo. Ich habe auch nichts dagegen, wenn es verbal auch mal «derbe» zugeht. Dürfen nur Männer «Ficken, Fotze, Feuerstein!» brüllend durch die Welt latschen? Und wenn

- 191 -

man das nicht gut findet – warum findet man das bei Frauen nicht nur nicht gut, sondern gleich würdelos und abstoßend? Quasi «solche Männer sind asi, solche Frauen aber oberasi»? Es wird eben immer noch mit zweierlei Maß gemessen. Seit Britta mir dieses tolle Buch von diesem Förster Wohlleben – der Name allein! – mitgebracht hat, bin ich begeistert von dem Gedanken. Das weibliche Eichhörnchen teilt im Winter seine Nüsse mit dem Männchen. Das gefällt mir. Geteiltes Leid ist halbes Leid. Besser noch: Geteilte Freude ist doppelte Freude. Das würde ich mir als neuen Hashtag wünschen: Statt Leid durch #MeToo Freude mit #WeTwo. Man wird doch wohl noch träumen dürfen.

# Deutschlands bester Werfer

Ein Kita-Fest ist vergleichbar mit einer Vollversammlung der UNO. Es wird erwartet, dass alle da sind. Dass sich alle gut vertragen. Und dann erfordert das Ganze noch ein Höchstmaß an Diplomatie. Bei der Vorbereitung, bei der Durchführung und natürlich auch bei der Nachbesprechung. Nichts ist gefährlicher als eine Mutter, deren Kuchen beim Verkaufsbuffet liegen geblieben ist wie Heizdecken bei der Kaffeefahrt in die Uckermark. Im Mittelalter wäre so eine Frankenstein-Backfee an den Pranger gestellt und drei Tage lang von Kindern in Kartoffelsäcken mit Krötenschleim beworfen worden. Eigentlich kann so eine Person nach solch einem Versagen nur noch möglichst unauffällig aus dem Ort verschwinden. Europa verlassen. Deswegen vermeide ich jegliche unbedachte Äußerung im Planungskomitee. Ich will einfach nur meine Ruhe haben und den lieben Karel Gott einen guten Mann sein lassen. Ach, wenn es doch so einfach wäre. Bei der ersten Besprechung zum Kita-Abschlussfest geriet ich leider in die Schusslinie von Ulla. Ja, genau *die* Ulla!

Ulla von der Tigerenten-Gruppe – von mir auch gerne die Mürbe-Queen oder Lady Hefe genannt – ist Kuchendiktatorin sämtlicher Kita-Feste. Das gesamte Backvolk steht unbestritten und uneingeschränkt unter ihrem Kommando. Wer diese Autorität anzweifelt, hat definitiv einen an der Waffel. Berühmt geworden ist Ulla für ihre «Kalte Schnauze». Kannte ich überhaupt nicht, «Kalte Schnauze». Das klang für mich gar nicht nach Kuchen, sondern irgendwie nach so einer halbgaren Sauerei aus *50 Shades of Grey*. Irgendwas mit Eiswürfeln im Mund und dann: Brrrrrrr! Ihr kennt den Kuchen wahrscheinlich, oder? Butterkekse, ordentlich Schokolade drum und – ganz wichtig – richtig hochprozentiger Rum. Das kannst du beim Kita-Fest natürlich leider nicht machen. Schade, da käme wenigstens mal karibische Stimmung in die Schnullerbude! Egal, Ulla nimmt in solchen Fällen natürlich nur Rum-Aroma. «Aber nur einen Hauch. Die Menge hab ich im Gefühl. Im Prinzip mach ich ‹Kalte Schnauze› frei Schnauze.» Hahahahaha, so lustig ist die Ulla! Das sind so die Momente, in denen ich ihr auch gerne mal die Schnauze polieren würde. Ob nun kalt oder nicht. Na, jedenfalls ist Ullas «Kalte Schnauze» bei uns in der Kita ohne den Zusatz «Ullas» gar nicht mehr denkbar. Das wäre wie «i» ohne «Phone». Schlicht unmöglich. Seit Jahren stehe ich also bei Kita-Festen – da ich keine Lust habe, gegen Ullas Backkünste anzubacken – am Kuchenbuffet und werde pro Nachmittag mindestens 500-mal gefragt: «Ist das ‹Ullas Kalte Schnauze›?» Dann zaubere ich ein verführerisches Lächeln auf mein Antlitz und säusele mit sanfter Stimme: «Ja, selbstverständlich.» Und schaufele den Glückseligen ein weiteres Stück für 1,50 Euro auf den Teller. Ist ja alles für unsere lieben Kleinen. Aber diesmal habe ich bei der Besprechung irgendwie nicht richtig aufgepasst. Und dann ist es passiert.

Weil Ulla mich sowieso seit jeher auf dem Kieker hat. Weil ich nicht backen kann, aber die Verkaufsgranate bei jedem Kita-Buffet bin. Bei mir wollen sie alle kaufen. Ich behaupte mal, das ist so, weil ich zu jedem freundlich bin und für jeden ein Lächeln übrig habe. Und natürlich weil ich so einen klitzekleinen Glamourfaktor ans Buffet zaubere: «Tuschel, tuschel … ja, *das* ist sie … ja, *die* aus'm Fernsehen! Habe ich ungeschminkt gar nicht erkannt!» Ulla kolportiert dagegen hinter meinem Rücken, dass ich so streng gucken würde, dass die Leute aus Angst ein Stück Kuchen kaufen. Ulla will mich immer nur bloßstellen vor all den anderen Wunderkind-Muttis und Backwundern. So auch dieses Mal.

Das ging schon los mit der Frage: «Wer bringt 'nen Kuchen mit? Selbstgebacken natürlich. Lisa?» Pure Absicht. Diese Teignatter! Weil sie genau weiß, dass ich weder backe noch koche und schon gar nicht ihr «Dekohändchen» habe. Ulla hat nämlich – darauf besteht sie – ein Händchen für die Deko.

«Lisa», hörte ich sie scheinheilig flöten, «mach doch ein Marmorkuchen-Piratenschiff mit echten Segeln! Du kannst dich doch nun wirklich nicht jedes Mal drücken!» Zack, da war die Falle zu. Aber das reichte Ulla noch nicht. Sie wollte mich gründlich vorführen: «Du, Lisa, dann bring doch einfach mal zur nächsten Festkomitee-Sitzung ein Probeschiff mit. Dann sehen wir ja, ob es klappt ...» – kurze Pause – «... und schmeckt.»

Dieses Aas. Ich lachte falsch auf und wehrte mich:

«Ulla, was soll das denn? Ist das jetzt hier DSDSK – Deutschland sucht den Superkuchen? Ein *Probeschiff*? Bist du jetzt hier der Bohlen der Bäckerinnung?»

Beifallheischend schaute ich in die Runde. Aber niemand schaute zurück. Ganz klar – niemand hatte Interesse, mir beizuspringen. Ulla hatte ihre Truppe fest im Griff, da wagte keiner aufzumucken. Gut, dann vertagten wir eben den Krieg. Ulla hatte einen Etappensieg errungen.

Aber gleichzeitig war nun auch mein Ehrgeiz geweckt, es ihr zu zeigen. Dieses elende Piratenschiff – ich habe fünf geschlagene Stunden lang in der Küche gestanden und gemischt, gewalkt, gerührt und gebacken, Tonpapier-Origami gefaltet und so gut es ging als Segel auf dem Schokoüberzug drapiert. Bei der nächsten Sitzung übergab ich Ulla also nicht ohne Stolz mein Piratenschiff. Aber es war natürlich nicht gut genug für diese durchtriebene Kuchen-Uschi:

«Wo ist denn das Piratenschiff, Lisa? Oder was soll das hier sein?»

Ich blieb cool.

«Weißt du, Ulla, ich wollte lieber doch ein anderes Thema machen. Was Sozialkritisches!»

Sie lächelte irritiert.

«Okaaaay, und was ist das dann?»

Ich zögerte nicht eine Sekunde:

«Ein Schiff, das vor Fukushima gelegen hat, kurz nach dem Tsunami. Gegen das Vergessen sozusagen.»

Für einen wunderbar langen Augenblick entglitten der sprachlosen Ulla die Gesichtszüge. Ich ließ mich doch von der nicht provozieren! Nicht mit mir, Herrschaften! Was Ulla aber wirklich zu schaffen machte, war das Gelächter ihrer ihr sonst so treu ergebenen Back-Muttis. Es stand jetzt 1:1 – ab diesem Zeitpunkt musste ich jederzeit mit einem Gegenangriff rechnen. Und richtig, der ließ nicht lange auf sich warten. Sie machte sich dabei noch nicht mal selbst die Finger schmutzig. Dafür hatte sie ihre Adjutantin. Sarah Schmidt. Lustig wie Brennnesseltee und beruflich selbständig. Ihr Mann brauchte dringend Kosten, um sie mit seinen Einnahmen zu verrechnen. Deswegen hat Sarah im Industriegebiet an der Autobahn unter kompletter Nichtbeachtung der Öffentlichkeit ein kleines Stricklädchen mit dem flotten Namen «Woll-Lust» eröffnet. Und ausgerechnet diese Strickliesel schaute mich jetzt betont fröhlich an und beschloss lapidar: «Lisa, dann mach du doch einfach einen laktosefreien veganen Kuchen. Wer ist dafür? Alle! Toll, vielen Dank, Lisa! Weiter geht's.»

Okay, 2:1.

Meine Gedanken schweiften ab. Vegan. Sonst noch was? Ich habe eigentlich nix gegen Veganer. Warum sollte ich? Mich nerven inzwischen eher die Leute, die sich über Veganer aufregen. Diese ganzen bemühten Veganer-Witze:

«Ich glaube, meine Handtasche ist gar nicht vegan. – Warum? –

Die war schweineteuer!» Har, har, har! Andererseits eskaliert es natürlich auch. Ich kenne Veganer, die essen noch nicht mal Blutorangen. Hihihi! Was soll's, muss ja jeder selbst wissen. Mir sind Veganer wurst. Hohoho! Eins kann ich jedenfalls sagen, und zwar was ich gegen veganen Kuchen habe. Der macht nämlich dick. Ich ärgere mich, dass Zucker nicht aus magerem Geflügelfleisch bestehen kann. Das ist das grundsätzliche Problem mit Kuchen. Der macht dick. Vegan oder nicht. Durch meine Gedanken hindurch drang Ullas Stimme an mein Ohr.

«Super, Sarah! Etwas Veganes fehlte tatsächlich noch.»

Ich stöhnte verzweifelt:

«Vegan? Echt? Also ohne Tiere? Schade, ich wollte eigentlich einen Maulwurfkuchen machen.»

Sanftes Giggeln, selbst Sarah musste schmunzeln. Ich fand, es stand 2:2. Ulla schnaubte.

«Ach Lisa, was gibt's denn da dumm zu fragen? Ohne Tiere, ohne tierische Fette, ohne Honig, ohne Milch, ohne Ei …»

Ohne Ei, ohne Ei. Ja, klar – wenn ich Ulla so angucke, dann glaube ich gerne, dass die noch kein Ei im Mund hatte. Von wem auch immer, Huhn oder Hahn.

Mir reichte das Schmierentheater inzwischen:

«Alles klar, also einmal ohne alles. Okay, Leute. Ich bring dann Salzstangen mit.»

Ullas Blick schwirrte mir zornesrot wie Darth Vaders Lichtschwert entgegen. Sie röchelte auch schon genauso böse wie der schwarze Blechmiesepeter. Zum Glück lachten alle, und Kathi, eine nette Erzieherin, übernahm den veganen Kuchen. Ulla gab sich geschlagen und machte gute Miene zum bösen Spiel.

Dafür sollte ich die Preisgestaltung der Wertmarken übernehmen. Das Ziel war, mit dem Kuchenverkauf die neue Kletterwand zu erwirtschaften. Wegen der Motorik, der Schulung des Gleichgewichtssinns, das ganze Programm. Mir persönlich als Jungs-mutti ist das natürlich auch sehr wichtig. Weshalb ich mir ein ganz besonderes System für die Wertmarken ausgedacht habe: Eine Wertmarke kostete 70 Cent. Es gab aber nur Sachen für 1 Euro oder 1,50 Euro. Die Strategie ging voll auf. Wir holten so ein dickes Plus raus, dass in der Kita jetzt die Kletterwand Magnum an der Wand hängt. Ein Superteil mit sämtlichen Zertifikaten und Prüfsiegeln. Eigentlich hätten sie die mit Sauerstoffflasche und Sherpa liefern müssen. Und die Erstbesteigung hätte am besten Reinhold Messner übernommen. Zusammen mit dem Yeti. Im Ernst – die Kletterwand ist ein tolles Teil, und ich bin endlich in der Gunst des Vorstands wieder ganz weit vorne. Seitdem muss ich keinen Kuchen mehr backen. Was aber vielleicht auch damit zu tun haben könnte, dass das mein – beziehungsweise unser – Abschlussfest in der Kita war.

Das Fest selbst war abgesehen vom emotionalen Abschieds-faktor natürlich wie alle anderen Kita-Feste vorher auch. Nett und irgendwie gemütlich. Aber leider auch die Stunde dieser Muttis, deren Kinder nach rein sachlichen Kriterien nicht die schlau-esten sind, aber unheimlich gut werfen können. Oder gut ren-nen. Wobei mich die Mütter mehr nerven als die Kleinen. Schlau oder nicht so schlau, in dem Alter finde ich die eigentlich alle süß. Wenn nur die Mütter nicht wären! Auftritt Monique. Zahn-arztgattin mit hohem Perlweiß-Faktor. Und Mutter von Tristan. O-Ton: «Der Tristan, der ist jetzt in Zählen nicht so gut. Aber der kann sehr gut rennen.» Ja, das stimmt. «In Zählen» ist der nicht so gut. Aber rennen kann er, der Tristan. Wenn ihr mich fragt, das wird später noch mal ganz wichtig für ihn sein. Damit ihn die Polizei nicht so schnell erwischt. Der Arme. Das Schlau-este, was seine Mutter hingekriegt hat, war, diesen Typen mit viel Kohle zu heiraten. Tristans Vater. Ehrlich, ich wollte wirklich

mehr in ihr sehen, aber da ist nichts. Beispiel gefällig? Ich sage
zu ihr:

«Oh, Tristan, das ist aber ein schöner Name. Wegen der
Oper?»

Sie guckt mich an, als ob *ich* blöd wär:

«Nein, der Opa heißt Willi. Nee, wegen Yu-Gi-Oh!, der Mangaserie.»

Natürlich, ich Dummerchen! Wegen der Mangaserie! Aber
irgendwie auch gerecht, dass ich das nicht kenne. Was bilde ich
mir eigentlich ein, beurteilen zu müssen, wie schlau die ist, und
das auch noch zu bewerten! Verdientermaßen wird die jetzt wahrscheinlich überall rumerzählen: «Also diese Lisa Feller, so schlau
ist die auch nicht. Mein Gott, die kannte noch nicht mal Yu-
Gi-Oh!» So schnell geht das, und du bist die Blöde. Und meine
Kinder bestätigten das natürlich auch noch. Ich habe sie mal beiläufig gefragt:

«Kennt ihr eigentlich Yu-Gi-Oh?»

«Ja, natürlich! Der Tristan heißt doch deshalb sogar so … Darf
ich Tristan mal besuchen?»

«Nein!»

Ein bisschen Willkür schadet nicht.

Ausgerechnet diese Manga-Mutti hat sich dann auf besagtem
Kita-Fest einen Pfannkuchen mit Erdbeermarmelade reingeschau-
felt und mit vollem Mund genuschelt: «Hm, doch ganz lecker. Ich
hatte erst Sorge, dass ich mit dieser Industriemarmelade gar nicht
klarkomme.» Industriemarmelade. Soso. Die Gute war mir bisher gar nicht als «industriefeindlich» aufgefallen. Im Ernst. An
dieser Frau ist einfach alles Industrie. Die Brüste, die Bleech-Bei-
ßerchen – und: Das sind schon keine French Nails mehr, sondern
Franchise-Nails. Eigentlich wäre das alles sogar noch ganz okay.
Geschmack ist halt nicht jedermanns Sache. Wenn sie nur nicht

immerzu versuchen würde, so vermeintlich schlau daherzureden. Oh Gott, jetzt denke ich wahrscheinlich schon wie ihr Mann. Aber im Ernst. Madame will immer so furchtbar schlau sein. Letztens sagt sie morgens vor der Kita allen Ernstes zu mir: «Schrecklich. Ich bin immer so müde. Außer beim Schlafen.» Oder ihr Versuch, beim Elternstammtisch im La Gondola, dem kleinen Italiener an der Ecke, fett auf die Wurst zu hauen. Da fragt sie doch den Kellner: «Ich hätte gerne dieses Carpeggio, Kapattschio … wie spricht man das aus?» Da war selbst der Kellner trocken wie Löschpapier: «Nummer 33, Signora.» Den Vogel abgeschossen hat sie jedoch bei der Kita-Eltenratsvollversammlung wegen der Öffnungszeiten. Da war sie Protokollführerin. Unglaublich. Das ist ungefähr so, als würde man Victoria Beckham zur Ernährungsbeauftragten der britischen Regierung ernennen. Nach der Abstimmung meldete sich unser Allroundgenie zu Wort: «So, ich halte noch mal fest: 15 Prozent sind dafür, 85 Prozent sind dagegen, und 20 Prozent haben sich enthalten.» Es hat dann auch keiner mehr etwas gesagt. Ich vermute einfach mal, sie hat andere Kernkompetenzen. So kann sie zum Beispiel sehr sicher in sehr hohen Schuhen laufen. Und eines muss man ihr lassen – der Tristan kann echt gut rennen.

Mein Sohn hat leider meine Gene bekommen. Zumindest was die Präzision beim Werfen angeht. Ich war früher bei den Bundesjugendspielen schon froh, wenn der Ball vor mir aufkam und nicht hinter mir. Was ich an Kindern so liebe: Defizite werden gar nicht als solche gesehen. Ich kann nicht werfen? Ist doch egal, ob ich treffe. Allein irgendwas abzuballern macht schon Spaß. Und wenn es der Würstchenstand ist. Zu Hause schießt der Lütte mit dem Ball wiederum zuverlässig und treffsicher alles kaputt, was ihm vor die Nase kommt, vom Teelichtdocht bis hin zur Kerzenglühbirne neben dem Spiegel. Doch ausgerechnet in der Öffentlichkeit, vor allen Leuten, da schlägt dann mein Erbgut durch. Er hat mit dem Softball – bestens gelaunt und mit ordentlich Wumms – nicht eine von diesen zehn wackelig aufeinandergestapelten Dosen getroffen! Dabei waren die so groß und er stand so nah dran, dass es eigentlich schon eine Sensation war, dass er daran vorbeigeworfen hat.

Normalerweise hätte selbst ein Schimpansen-Baby, das man zwanzigmal im Kreis gedreht hat, das komplette Ding mit geschlossenen Augen und einem einzigen Wurf abgeräumt. Nur mein Sohn eben nicht. Na ja, und ich genauso wenig … Aber *ich* umgehe solch eine Peinlichkeit wenigstens und werfe erst gar nicht! Der Windhauch seines Arms hätte eigentlich schon alle Dosen zum Einsturz bringen müssen. Dementsprechend stand ich da auch und dachte: «Mann, ey, triff doch mal!» Er bockte und heulte gleichzeitig – aber nicht etwa, weil ihm das peinlich gewesen wäre! Nein. Er jallerte, weil er dieses Scheiß-Pustefix nicht als Trostpreis mit nach Hause nehmen durfte. Was natürlich an mir lag. Ich hasse dieses Seifenblasenzeugs. Das klebt immer so fürchterlich. Dann sagst du: «Geht damit bloß nach draußen!», und irgendwie schaffen diese kleinen Racker es trotzdem, die komplette Terrasse mit dem Zeug zu versauen. Und beim nächsten Regenguss ist alles voller Schaum und Schmiere. Widerlich. Man sollte diese Dinger nur im Wald benutzen. Oder der, der es mitbringt, muss es auch ganz alleine austrinken.

Es war zum Verzweifeln. Ich habe dieses Kind ausgetragen, gesäugt und ihm all meine Liebe gegeben. Ich habe es lebensfähig gemacht. Und dann traf der diese Riesendosen nicht. Ich kam nicht darüber hinweg. Alles in mir wollte am liebsten laut klagen: «Ich bin in meinem ganzen Leben noch nie so gedemütigt worden!» Stattdessen höre ich mich mal wieder völlig inkonsequent sagen: «Ach Schätzelein, das ist doch nicht schlimm, die Mami kauft dir morgen so ein Puste-Ding.» Dabei könnte die Mami auch mal wieder so ein «Puste-Ding» gebrauchen, aber das nur am Rande.

Genau in dem Moment kam natürlich die Mutter von Cederic, der eigentlich Cedric heißt, aber selbst die Mutter schafft es permanent, Cedrics Namen falsch auszusprechen.

«Huch, ich hab das gerade gesehen! Der hat ja voll vorbeigeworfen!»

Sofort war der Löwinnen-Modus in mir eingeschaltet! Was erlaubte die sich, meinen kleinen Schatz, meinen Augenstern, mein Ein und Alles zu kritisieren! Der sollte gar nicht werfen können, damit ihn das später nicht vom Lernen ablenkte! Jawohl! Ich kam kaum zu Atem, da plauderte sie auch schon weiter:

«Also der Cederic, der kann ja so gut werfen! Der hat vorhin dreimal alles komplett abgeräumt. Tja, der kann halt einfach gut werfen.»

Ich war jetzt wirklich ziemlich gereizt.

«Du, irgendwas muss er ja können. Weißt du was? Vielleicht macht der Ce-de-ric das später ja auch mal beruflich. Ja, genau! Vielleicht wird er mal Werfer. Gute Werfer werden ja immer gebraucht. Was wäre unser Land nur ohne unsere Werfer!»

Jetzt war Mama Cederic schon etwas verwirrt und guckte mich fragend an. Aber ich war noch längst nicht fertig.

«So, ich muss dann auch los. Ist schon spät. Ich will heute Abend im Fernsehen noch unbedingt diese tolle Sendung sehen.»

Und Gott sei Dank hat sie mir den Gefallen getan und gefragt:

«Was denn für eine Sendung?»

*«Deutschland – deine besten Werfer.»*

Haha! Nimm das! So richtig gerafft hat sie es trotzdem nicht.

«Ja, aber was ist denn jetzt mit deinem Sohn? Hat der was am rechten Arm?»

Immerhin war ich cool genug, ganz ruhig zu antworten:

«Nein, der kann einfach nur nicht werfen. Aber ich bin da entspannt, das gibt sich schon von alleine. In der Pubertät trainiert der den rechten Arm sowieso häufiger, als mir lieb ist.»

Tschüs, Mama Cederic. Wir gehen jetzt nach Hause. Mein kleiner Wurfstern und ich. Und dann wird Werfen geübt. Das wäre doch gelacht! Ich pfeif auf den Intellekt. Wenn hier einer Deutschlands bester Werfer wird, dann ist das selbstverständlich mein Sohn. Und sonst keiner!

# Aufklärung der Rüsselsheimer

Wenn Kinder klein sind, macht man sich natürlich relativ wenige Gedanken dazu, dass die irgendwann einmal erwachsen sein werden. Dass gute, intelligente und sozial verträgliche Menschen aus ihnen werden und keine Volltrottel. Warum ich das sage? Weil mir vor ein paar Wochen etwas passiert ist, das mich zum Nachdenken angeregt hat. Ich gehe also gut gelaunt durch die Fußgängerzone und scanne gekonnt die Schaufenster der viel zu teuren Geschäfte ab. Da kommt plötzlich ein Typ Mitte zwanzig auf mich zu, der aussieht wie Elvis mit einer stanniolumwickelten Salatschüssel auf dem Kopf. Die Klamotten leicht abgerockt, fettige Haare und ein Blick, den ich das letzte Mal von Jack Nicholson in dem Horrorfilm *Shining* gesehen habe, kurz bevor er mit der Axt in der Hand völlig durchgedreht ist. Ich versuche noch auszuweichen, aber zu spät. Er versperrt mir den Weg und fuchtelt mit so einer Art altem Gameboy an mir rum. Das Ding blinkt und fiept wie ein seekranker Geigerzähler, während sein Besitzer die ganze Zeit hysterisch auf mich einredet:

«Sie haben dich gekapert! Sie sind in dir. Bekenne dich und ich reinige dich mit meinem Fluxkompensator. Oder du bist verloren.»

Natürlich hat er nicht Fluxkompensator gesagt, aber es war ein ähnlich sinnloses Wort. Anstatt einfach umzukehren oder den Wirrkopf sanft beiseitezuschieben, meldete sich mein mitleidiges Mutterherz und veranlasste mich zur höflichen Gegenfrage.

«Wer ist an mir dran? Wer will was von mir?»

Mein neuer Beschützer drehte sich ängstlich nach allen Seiten um, bevor er mit der Hand vor dem Mund verschwörerisch antwortete:

«Alle, Mann. Alle. CIA, Mossad, Trump, die Chinesen und das Krümelmonster ...!»

Ich versuchte, ihn zu beruhigen.

«Keine Sorge, Mister Presley! Mein Name ist *Hanni und Nanni*, ich bin von *TKKG* und habe alles im Griff. *Die drei ???* haben schon angerufen und suchen nach dir. Also, ab zurück ins Heim, du hast um vier einen Auftritt bei Kaffee und Kuchen. *Love me Ständer*, alle drei Strophen. Hasta la vista, Baby.»

Ich drückte ihm zwei Euro in seinen verknitterten Kaffeebecher und ging weiter. Ein paar Tage später hatte ich vor dem Supermarkt ein ähnliches Erlebnis. Zwei biedere Anzugträger hielten eine Broschüre hoch und riefen abwechselnd: «Lasst euch nicht länger belügen!» Auf meine konkrete Frage «Von wem denn?» bekam ich allerdings nur die diffuse Antwort «Von den da oben!». Was nicht nur grammatikalisch keinen Sinn ergibt. So langsam frage ich mich schon, was eigentlich mit der Menschheit los ist! Der Verschwörungswahn greift um sich. In der Fußgängerzone, in den sozialen Netzwerken – und alle wissen etwas, was du nicht weißt. Und zwar ganz genau.

Was es nicht alles für Theorien gibt! Die Amis waren nicht auf dem Mond: Die Fahne weht ja nicht und überhaupt ist das alles in Hollywood mit verwackelter Kamera gedreht worden. Von wegen Armstrong – das war doch nur ein Strohmann der Regierung! Das müssen schon richtige Filmstars gewesen sein. «Ein kleiner Schritt für mich, aber ein großer Sprung für die Menschheit» – einen solchen Satz haust du nicht mal eben so raus, wenn du bei *Berlin – Tag & Nacht* mitspielst. Sonst hätte der ja irgendeinen Stuss gelabert wie: «Ey, krass, voll der Mond hier. Was ist das für 'ne geile dirty Scheiße, alles Schnee oder ist das Staub, Alter?»

Was für ein Unfug! Ich verstehe den Sinn dieser ganzen Verschwörungstheorien nicht. Der Heilige Gral, Chemtrails, Elvis lebt, Bielefeld gibt's nicht – was ändert das an meinem Leben, selbst wenn es wahr wäre? Wer zur Hölle sucht eigentlich wirklich das legendäre Bernsteinzimmer? Derjenige darf sich gerne mal bei mir melden. Ich habe das nämlich letztens zufällig gefunden. Dabei kann es sich nur um die Autobahntoilette am Rastplatz Stukenbrock handeln. Ich dachte, ich sehe nicht richtig. Aber ich habe sicherheitshalber Fotos gemacht, die alles beweisen.

Leute, im Ernst. Hört auf, eure Zeit mit sinnlosen Verschwörungstheorien zu verplempern. Bleibt in der Realität, da wird schon genug gemauschelt. Die schlimmste Verschwörung läuft bei H & M, da nähen irgendwelche Arschgeigen seit geraumer Zeit in die XS-T-Shirts Etiketten mit der Größenangabe «L» rein! Anders kann ich mir jedenfalls nicht erklären, warum mir nichts mehr passt.

Ein anderer Effekt, der eintritt, wenn Menschen sich ständig verarscht fühlen: Sie werden verbittert und biestig. Andauernd und überall treffe ich auf schlecht gelaunte Misanthropen. Folgende Situation: Eine Frau war in den Bus eingestiegen. Sie saß noch nicht ganz, da bretterte der Busfahrer schon los wie Vettel nach dem Boxenstopp. Prompt verlor sie den Halt, stolperte und taumelte. Die Gute konnte sich gerade noch festhalten, als ein Typ das Ganze hämisch kommentierte: «Ja, dat kommt dann davon. Hauptsache hohe Schuhe im Bus an, is' klar.»

Ich habe mich vielleicht geärgert. Was für ein unfreundlicher Penner! Warum konnte der nichts Nettes sagen? Etwas Aufmunterndes wie: «Hoppla, schöne Frau, was sind das für tolle Schuhe? Ich entschuldige mich für den Busfahrer! Wieso muss ein so edles Geschöpf wie Sie überhaupt Bus fahren? Sie gehören doch auf ein Pferd!» Es wäre so einfach, ein bisschen Freude zu verbreiten. Stattdessen Schadenfreude und Unfreundlichkeit. Das ist nicht schön. Aber es zieht sich durch alle Schichten.

Letztens stehe ich an der Kasse im Supermarkt. Vor mir ein kleines Mädel mit abgezähltem Taschengeld, um sich die heiß-begehrte Tüte Haribo Colorado zu kaufen. Die kleine Faust kann die vielen Cent kaum halten. Plötzlich rempelt ein anderer Kunde die Kleine aus Versehen mit seinem Einkaufswagen an. Das Mäuschen stolpert, die Hand geht auf, und das ganze Kleingeld klimpert durch die Gegend. Die Kleine bricht fast in Tränen aus. Und ich gleich mit. Natürlich helfe ich ihr beim Aufsammeln der Münzen. Da dröhnt von oben der genervte Kommentar vom Kassierer: «Oh nee! Boah! Ich wusste gar nicht, dass Sterntaler so dämlich war.» Wie gemein, die Kleine hat sich doch eh schon so geschämt. Ich konnte vor Wut kaum sprechen: «Guck mal, Saddam Hussein sitzt jetzt bei Aldi an der Kasse. Doch nicht tot. Und heute hat er sich verraten.»

Da darf man sich dann auch nicht wundern, wenn Kinder, die von so viel Negativität umgeben sind, als Erwachsene zu dubiosen Schraten mutieren. Dabei braucht dieses Land dringend selbst-bewussten, freundlichen und positiv eingestellten Nachwuchs. Ich weiß, wovon ich rede. Ich arbeite nämlich mit vielen anderen Müttern genau daran. Unterstützt von der Klassenlehrerin meines Sohnes, der famosen Frau Hartmann. Beim letzten Elternstamm-tisch ungefähr zwei Wochen vor Weihnachten überraschte uns die ehrenwerte Pädagogin mit einem delikaten Anliegen: «Sooo, im neuen Jahr machen wir dann auch die Aufklärung bei den kleinen Schätzen. Deshalb wäre es schön, wenn Sie die Kleinen über die Weihnachtstage schon mal so ein bisschen aufklären könnten.» Da tauchte aber in vielen Gesichtern ein großes Fragezeichen auf! Was genau sollte das denn heißen: «so ein bisschen aufklären»?

Und gerade an Weihnachten, da versinkt doch sowieso schon alles im Chaos des Konsumrausches und überfüllter Weihnachtsmärkte. Überall nur drängelnde Menschen, blinkende Karussells, quengelnde Kinder, Handyhüllen und Tigerhandtuch-Verkäufer. Wo ich gerade beim Thema bin: Was, bitte schön, hat ein thailändischer Tattoo-Stand auf einem ordentlichen Weihnachtsmarkt zu suchen? Das verstehe ich einfach nicht! Was soll ich mir denn von dem eingravieren lassen? Das Krippenspiel als Arschgeweih? Tut mir leid, da bin ich vielleicht auch ein bisschen zu konservativ. Auf einem Weihnachtsmarkt, da will ich einen handgeschnitzten Lichterbogen aus dem Erzgebirge sehen. Und dass wir uns richtig verstehen: Unter Räuchermännchen verstehe ich nicht die Shisha-Bude mit 40 Wasserpfeifen von Bong24dotcom! Ich will zum Kettenkarussellfahren schiefe Blockflötenklänge vom St.-Agnes-Kinderchor und nicht die Ballermann-Weihnachtshits vom Wendler hören. Habe ich noch was vergessen? Ach ja: Ein Autoscooter auf dem Weihnachtsmarkt wird auch nicht festlicher, wenn man eine Lichterkette ums Lenkrad bindet und Schneeketten aufzieht!

Und als ob das alles noch nicht genug wäre, soll ich in dem ganzen Theater auch noch meine Kinder «ein bisschen aufklären»? Womit denn? Mit der x-ten Wiederholung von *9½ Wochen* im weihnachtlichen Blockbuster-TV-Programm? Oder etwa mit einer modernen Version der Weihnachtsgeschichte?

Ich sehe mich schon, wie ich mich händeringend um Kopf und Kragen rede, während ich versuche, die Weihnachtsgeschichte in die heutige Zeit zu überführen. Wahrscheinlich gibt es dazu dann auch gleich noch einen Bericht bei *Aktenzeichen XY ... ungelöst*: «Wir bitten um Ihre Mithilfe: Es wurde ein Säugling in einem Stall gefunden, Polizei und Jugendamt ermitteln. Ein Schreiner aus Nazareth sowie die unmündige Mutter wurden vorläufig festgenommen. Eine Speichelprobe des Mannes hat ergeben, dass seine DNA nicht mit der des Kindes übereinstimmt. Nähere Hinweise nimmt jede Polizeidienststelle entgegen.» Gott sei's getrommelt und gepfiffen! Aber so geht die Geschichte nun mal eben. Es handelt sich ja immerhin um die unbefleckte Empfängnis. Der Heilige Geist, also quasi Gott, schustert einem armen Schreiner ein Kind unter. Das ist für die Bibel natürlich eine perfekte Theorie, um Marias weiße Weste zu garantieren. Für die sexuelle Aufklärung eines Kindes ist der Mumpitz allerdings so hilfreich wie ein Paar Birkenstock-Sandalen für Jorge González.

«Ein bisschen aufklären» – wie soll das gehen? Es gibt ja auch nicht ein bisschen schwanger, ein bisschen tot, höchstens ein bisschen atmen. Wie soll das denn funktionieren, dieses «ein bisschen»? Soll ich meinen Sohn demnächst mal unverfänglich vor dem Gang in die Badewanne abfangen? «So, komm mal her, mein Schatz, du hast doch da unten einen Penis. Wozu ist der da? Richtig! Damit du weißt, wo vorne ist. So, den Rest erklärt dir dann Frau Hartmann in der Schule.»

Die hat uns das nämlich eingebrockt, die Frau Hartmann. Die hat ja auch gut labern! Was hat die schon mit Sexualität zu tun? Die sieht von weitem doch eher aus wie ein Krustenbraten in Latzhose. Neulich hörte ich, wie sich zwei Väter vor der Schule unterhielten: «Ich sag mal so – wenn es nur noch zwei Frauen auf der Welt gäbe … und zwar Frau Hartmann und den Glööckler … tja, dann müsste wohl der Glööckler die Welt retten.» Nicht nett und auch nicht fair. Aber ich weiß ungefähr, warum er das gesagt hat – auch wenn ich es natürlich scharf verurteile. Es kann sich ja schließlich keiner malen.

Aber es nutzt ja nichts, wenn ich mich weiter über die arme Lehrerin auslasse. Das Thema war nun mal in der Welt, und ich musste vorlegen. Ich habe mir den Kopf zermartert: Wie mache ich es am besten? Was sage ich bloß? Meine Jungs sind ja beide in der Opel-Gang, ich habe sozusagen zwei aus «Rüsselsheim». Und wer Jungs hat, der wird ein Naturgesetz bestätigen: Jungs haben immer eine Hand in der Hose. Oder wie der Volksmund so schön sagt: immer eine Hand an der Mischbatterie.

Egal in welcher Lage, egal in welcher Situation: vor dem Fernseher, beim Aufstehen, beim Schlafen … es wird gerührt, was das Zeug hält. Bruder Tuck, Hand am Sack.

Darum arbeitet jede Jungsmutti mit einem kleinen Trick. Egal, was man dem kleinen Mann gibt – ein Eis, Spielzeug, den Nintendo – eine echte Jungsmutti hält solche Begehrlichkeiten immer der beschäftigten Sackhand hin, damit die mal aus der Hose und zur Ruhe kommt.

Also dachte ich, es wäre clever, wenn ich sozusagen die Gelegenheit beim Sack packe und die Aufklärung mit dem Körperteil beginne, zu dem sowieso eine gewissermaßen dauerhafte und natürliche Verbindung besteht. Gesagt, getan. Mein Großer wurde von mir vor dem Zubettgehen zum ruhigen Vieraugengespräch ins Wohnzimmer gerufen. Ich begann meiner Ansicht nach weltoffen, natürlich, unbefangen und souverän:

«So, mein Schatz. Kommst du mal zu Mama? Na, dann setz dich mal hierhin. Du hast doch da unten so einen … Pe … ein Periskop.»

«Was ist ein Periskop?»

«Ja, das ist doch das da am U-Boot. Dieses Rohr. Das man auch rausfahren kann.»

Mein lieber Scholli war ich am Rumrudern!

Mein Kind guckte mich völlig zu Recht verunsichert an. Ich wechselte die Strategie. Weg vom Periskop.

«Guck mal, letztens bei der *Sendung mit der Maus*, da haben wir doch diesen schönen Film gesehen, wie die Marmelade in den

Berliner gespritzt wird. Das ist so ähnlich wie beim U-Boot eben, verstehst du? Das kann ja Torpedos abschießen. Aber wie kommt denn so ein Torpedo ins U-Boot rein?»

Mein Sohn – und so was spürt eine Mutter – konnte mir nicht folgen. Sein Blick war skeptisch, seine Körperhaltung auch. Ein besseres Beispiel musste her. Ich beschloss, mehr über die naturwissenschaftliche Seite zu kommen.

«Weißt du noch, die beiden Hunde gestern vorm Supermarkt, wo der eine den anderen huckepack genommen hat? Da hat der Mann mit dem Hut doch gesagt, dass der eine Hund nicht anspringt und der andere ihm mit seinem Überbrückungskabel Starthilfe gibt. Und weißt du was: Das war Quatsch. Die haben nämlich Hundebabys gemacht.»

Endlich sprach das Kind mit mir.

«Versteh ich nicht, Mama.»

Langsam nervte mich das Gespräch.

«Weil du bockig bist. Geh mal jetzt ins Bett, wir reden morgen weiter. Wenn du wieder vernünftig bist.»

Kaum war der Junge im Bett, habe ich meinen Nachbarn von gegenüber angerufen, der ist nämlich Frauenarzt. Dass ich da nicht gleich drauf gekommen war – Tipps direkt vom Fachmann! Und einen Sohn hatte er auch! Ich kam gleich zur Sache:

«Manfred, wie hast du denn den Dennis aufgeklärt?»

«Du, ganz normal, Lisa. Ich hab ihm erst einmal erklärt, dass sein Skrotum aus dem Genitalhöcker hervorgeht. Und dass der Mann sein Membrum virile im erigierten Zustand in die Vulva der Frau einführt und daraus ... »

Ich unterbrach ihn angewidert.

«Manfred, das ist ja ekelhaft. Gib mir mal bitte die Doris.»

Nach einer Minute Totenstille hatte ich Manfreds bessere Hälfte am Apparat.

«Du, Doris, sag mal – wie hat denn Dennis auf Manfreds Vortrag reagiert?»

Doris druckste ein wenig herum:

«Der hat eine Stunde lang in seinem Zimmer geheult, dann ist er rausgegangen zum Spielen. Seitdem spricht er nicht mehr mit Manfred. Und ich auch nicht.»

Himmel, hilf! Schockiert legte ich auf. Aber was hatte ich auch erwartet von einem Gynäkologen? Nach 15 Jahren Dienst am Pflaumenbaum drehen die doch alle am Rad.

Irgendwann habe ich ein Aufklärungsbuch bestellt. Den Tipp hatte ich vom nächsten Elternstammtisch, das haben wir dann alle bestellt. Damit auch alle über die gleiche Aufklärung reden. Eine Mutter meinte zu mir: «Warum machen die eigentlich kein Panini-Album zur Aufklärung? Mit so Klebebildchen. So was wie *Mein Körper* oder so! Funktioniert bestimmt total super!» Kann sein. Aber ich weiß trotzdem nicht so recht, ob das eine gute Idee ist. Ich sehe schon die Kids, wie sie sich jeden Tag ihre Bildchen einpacken, um dann auf dem Schulhof lautstark zu tauschen. Hoden gegen Eierstöcke. Oder noch schlimmer: «Karina, tauschst du drei Penisse gegen eine Glitzer-Mumu?»

Aufklärung. Vielleicht läuft es ja tatsächlich genau so ab. Jedenfalls habe ich es so geträumt. In Wahrheit war es dann aber natürlich viel unaufgeregter als erwartet. Ich fasste mir kurz nach seinem elften Geburtstag ein Herz, setzte mich neben ihn aufs Sofa und sagte einfühlsam: «Nun mein Sohn, ich glaube wir sollten endlich mal über Aufklärung und Sex reden!» Mein Sohn schaute hoch von seinem Handy-Display und meinte nur: «Meinetwegen Mama – was willst du wissen?»

# Spanisches Fleisch

Es gibt Sachen, die erlebt man nur im Sommer. Ehrlich. Isso! Das hat viele Gründe. Zum einen liegt das auch am Sommer und an den großen Erwartungshaltungen, die an ihn gestellt werden. Zum Beispiel das Wetter. Da kann es der Sommer eigentlich niemandem recht machen. Das perfekte Sommerwetter sieht für die Mehrheit der Deutschen wahrscheinlich so aus: tagsüber 26 Grad, wolkenlos mit einer nur ganz leichten kühlen Brise. Bis 20 Uhr. Von 20 Uhr bis 20:30 Uhr darf es kurz regnen, wegen der Gartenbesitzer und Feldbesteller. Aber nicht zu doll und es darf sich auch bitte nicht abkühlen. Von 20:30 Uhr bis 1 Uhr morgens dann bitte konstante 22 Grad, damit man in der Stadt schön mit einem Getränk draußen sitzen oder im Garten den Grill anwerfen kann. Von 1 Uhr morgens bis 9 Uhr morgens dann bitte 17 Grad, damit alle gut schlafen können. Das Ganze dann herzlich gerne von Mai bis September, und schon sind alle top zufrieden! 2017 sah es nämlich anders aus.

Was war das für ein lausiger Sommer! Das Wetter war so hundsmiserabel, dass die bei der ARD schon überlegt haben, bei der Wettervorhersage die besten Folgen mit «über 20 Grad und nur leicht bewölkt» zu wiederholen! Gute Idee, warum eigentlich nicht? Spricht doch eigentlich nichts dagegen. Für meinen Nachbarn Karl-Heinz ist nach den Tagesthemen, kurz bevor er ins Bett geht, doch nur ein Wetteraspekt wichtig, damit er zumindest gefühlt «gut draufkommt»: Wetterfee Claudia Kleinert trägt zehn Zentimeter hohe Absätze, einen knatschengen Minirock und sagt irgendwas von wegen «... scheint aber schon bald wieder die Sonne!» Das reicht ihm völlig. Da kriegt er wieder ordentlich

- 213 -

Puls, und seine Gisela stellt trotz eines Hagelsturms den guten Fackelmann-Grill draußen in der knietiefen Pfütze auf. Das stört den guten Karl-Heinz überhaupt nicht. Da kommt Freude auf! Und die brauchte man schließlich ganz dringend bei dem Mistregen letztes Jahr.

Wer sich damals nicht im Freien erkältet hat, den raffte die Klimaanlage im Einkaufszentrum dahin: Entweder man schwitzte, weil nur ein lauwarmes Lüftchen wehte, oder es blies derartig kalte Luft durch den Konsumtempel, dass man sich beim herzhaften Reinbeißen in den gefrorenen Döner die Schneidezähne rausgebrochen hat.

Noch schlimmer ist es in vergleichbaren Situationen nur noch bei der Deutschen Bahn, wenn im ICE mal wieder die Klimaanlage rumspinnt oder total ausfällt. Wer erinnert sich nicht an den legendären *Samba Express* beziehungsweise seine Metamorphose in den «Sauna Express»: feiern, kollabieren und dehydrieren bei 70 Grad! Da verhökert der Service-Mann mit der Bockwurst-Thermoskanne gerne auch mal einen Aufgesetzten als letzten Aufguss!

In Bayern dagegen fiel die Hitze damals komplett ins Wasser, und es regnete mitten im Sommer vielerorts in einer Viertelstunde so viel wie sonst nur in einem ganzen Jahr. Da gab es natürlich viele verärgerte Anrufe beim Wetteramt: «Servus, Herr Frosch, deine leichte Bewölkung wird gerade seit drei Stunden vom Technischen Hilfswerk aus meinem Keller gepumpt! Schönen Dank auch!»

Aber letztlich ist das Wetter eben nicht wirklich berechenbar. Wir müssen es nehmen, wie es kommt. Es ist und bleibt spätestens seit dem unseligen Klimawandel alles möglich: spanische Verhältnisse bei 35 Grad auf Borkum oder Nieselregen und 18 Grad auf Gran Canaria. Am Ballermann ist ein gelungener Sommer sowieso mehr vom Alkoholkonsum abhängig als vom Wetter. Das weiß ich noch von meinem Praktikum.

Ich habe nämlich vor 15 Jahren beim Inselradio Mallorca ein Praktikum gemacht. Warum eigentlich Mallorca? Die Frage stellte sich mir gar nicht! Ich fand die Idee einfach nur cool. Mallorca, das klang in meiner jugendlich naiven Vorstellung nach Sommer, glühender Hitze und nach Antonio Banderas, der nur darauf wartete, einer langhaarigen, blonden Radiopraktikantin aus Münster … na ja, ein Interview zu geben. Wie immer war die Realität nicht ganz so aufregend. Die Antonios hielten sich eher zurück im Vergleich zu den vielen lautstarken Touristenjungs. Das Praktikum beim Inselradio war aber sehr lustig und schön. Manchmal hatte ich das Gefühl, in so einer Art Kaffeebude gelandet zu sein. Denn der Spanier als solcher trinkt gerne und sehr viel Kaffee. Cortado, Café con Leche, Café solo, Café Americano, Café Bombón, Carajillo (ausgesprochen «Karachijo») – schmeckt ja auch alles super. Ist aber letzten Endes eben auch nur Kaffee. Und auf Dauer etwas nervig. Was allerdings gut war: Es wird ja vor allem viel Spanisch gesprochen auf Mallorca. Trotz Tourismus. Der Spanier an sich spricht heute vielleicht mehr Englisch als früher, womöglich versteht er sogar ein paar Brocken Deutsch. Aber in unserem kleinen Viertel von Palma, der Hauptstadt Mallorcas, da wurde seinerzeit und wird auch heute noch ausschließlich Spanisch gesprochen. Weil – das mag jetzt überraschend daherkommen – Mallorca tatsächlich zu Spanien gehört! Ich habe aus dieser Zeit bis heute sehr viel von dieser wunderbaren Sprache behalten. Aber nicht alle Touristen waren annähernd so begeistert wie ich davon, sich mit der Landessprache konfrontiert zu sehen.

Ich erinnere mich beispielsweise noch sehr gut an eine Begebenheit in einer kleinen Metzgerei. Um genauer zu sein: Es war die Charcutería Jesús Pobre in dem Viertel, in dem ich gewohnt habe.

Oder hieß das Viertel Jesús Pobre? Egal. Auf jeden Fall stand vor mir eine Frau in der Warteschlange. Aus Höflichkeit beschreibe ich sie mal so: Entweder hatte sie sich die überflüssigen Pfunde sehr mühsam angefuttert, oder sie war als Kind in den Topf mit dem Zaubertrank gefallen. Die Hose war wie bei Obelix bis unter die Brüste hochgezogen, und sie hatte sogar je einen roten Zopf links und rechts. Nur ihr Bart war etwas dezenter als bei Obelix. Jetzt stand dieser bunte Heißluftballon von einer Frau jedenfalls stark schwitzend vor mir in dieser rustikalen Metzgerei und gab sich – als sie endlich an der Reihe war – richtig Mühe mit ihrer Bestellung. Ich erinnere mich wohlwollend an ihren singenden, rheinischen Dialekt. Und an die großen, ratlosen Augen der spanischen Verkäuferin, als Frau Obelix auf Deutsch loslegte:

«Hörens, isch hätte jerne ein Viertelpfund Hack. Halb und halb.»

Bedeutungsschwangere Stille, ratlose Blicke wurden unter den anderen Kunden ausgetauscht.

Die spanische Verkäuferin guckte die Dame tapfer an und entgegnete höflich:

«Perdone, Señora, no hablo alemán.»

Das konnte *so* nix werden, also beschloss ich es mit Hilfe und Vermittlung. Doch bevor ich gütig und verbal aushelfen konnte, forderte Frau Obelix schon laut und deutlich:

«Fleisch! Hackfleisch!»

Wie gesagt – ich wollte helfen, und Völkerverständigung war schon immer mein Ding. Also sprach ich die teutonische Hack-Elfe freundlich an.

«Darf ich Ihnen helfen? Die Verkäuferin spricht nur Spanisch. Soll ich Ihre Bestellung vielleicht mal übersetzen?»

Entnervt drehte sich meine Landsfrau zu mir um und maulte mich an:

«Nee, lassen Sie mal. Dann gehen wir heute Abend eben zum Griechen!»

Ich konnte die Frau sogar ein bisschen verstehen. Beim Griechen gibt es ja auch einfach immer viel Fleisch auf dem Teller. Hackfleisch.

Andererseits war sie das beste Beispiel für etwas, das ich immer wieder feststelle: Geduld ist nicht gerade eine deutsche Tugend. Das kann man auch und gerade im Sommer immer wieder beobachten. In der Schlange vorm Eiscafé, vorm Freibad, im rappelvollen Biergarten oder im Ferienstau. Gibt es etwas Nervigeres als einen Ferienstau?

Ganz ehrlich – ich weiß überhaupt nicht, warum es überhaupt noch Geduldsspiele gibt. Wer seine Geduld mal so richtig auf die Probe stellen will, der setzt sich einfach mal ins Auto und fährt in Nordrhein-Westfalen auf der A40 von Dortmund nach Duisburg Richtung niederländische Grenze! Da fragen sich schon die Ersten beim Lesen völlig zu Recht: Halt mal – wieso *fährt*? Richtig, ganz genau! Auf dieser Autobahn steht man schneller im Stau als Reiner Calmund vor Witwe-Boltes-Hähnchengrill-Sprinter am Einkaufszentrum! Und nach einer Stunde Über-die-Autobahn-Kriechen für lächerliche 1,3 km ist alles zu spät. Da bekommt selbst eine abgeklärte Vielfahrerin wie ich einen Adrenalinschub erster Güteklasse. Da knalle ich am Ende des Staus nur noch den zweiten Gang rein und lasse den Motor lässig hochdrehen, um wenigstens *einmal* 60 km/h schnell zu fahren. Und während mich die Aussicht auf fünfhundert freie Autobahnmeter ungefähr so glücklich macht wie Sebastian Vettel ein komplettes Rennen im Windschatten von Lewis Hamilton, liest man im gemütlichen Vorbeituckern noch das dämliche Schild: «Wir bauen hier für Sie bis voraussichtlich November 2022 – vielen Dank für Ihr Verständnis!» Wie bitte?! Welches Verständnis? Für eine unbemannte Autobahnbaustelle in den Sommerferien? Ich habe für diese Baustelle ungefähr genauso viel Verständnis wie Alice Schwarzer für die drei Großraumkeller füllende Pornosammlung von Russ Meyer! Oder wie Christian Rach, der Restauranttester, für ein zehn Jahre altes und madiges Rehrückenfilet unter der Dunstabzugshaube des Restaurants Jägerstübchen in Milbenhausen! Hat King Kong damals etwa das Schild nicht gelesen: «Bitte nicht mit nackten Füßen auf das Empire State Building klettern – vielen Dank für Ihr Verständnis»? Hat Lance Armstrong etwa das große Plakat am Startpunkt der Tour de France übersehen: «Bitte stärken Sie sich nur mit Capri-Sonne und schmeißen Sie Ihr Epo in die dafür vorgesehenen Sondermüllcontainer – vielen Dank für Ihr Verständnis»? Um Himmels willen, was denn noch? Geht es noch abstruser? Wie wäre es denn, wenn mal im Einkaufszentrum ein Schild hängen würde, auf dem stünde: «Bitte halten Sie älteren Mitbürgern oder Müttern mit Kinderwagen die Tür auf – vielen Dank für Ihr Verständnis!» Oder wenn auf Fernsehern stehen würde: «Bitte beachten Sie, dass Kinder Liebe und persönliche Zuwendung mehr brauchen, als den ganzen Tag vor der Glotze rumzugammeln – vielen Dank für Ihr Verständnis!» *Das* wäre mal sinnvoll. Und dafür hätte ich auch Verständnis! So, das erkläre ich jetzt mal zu unserem nächsten Sommerferien-Ausflug! Heute Nacht fahren wir alle zu dieser Baustelle mit einer großen Sprühdose roter Farbe und sprayen einfach auf dieses Schild: «All you need is love! Statt Baustellen! Vielen Dank für euer Verständnis! Eure Lisa.» Mann, Mann, Mann – auf so eine Idee kommt man aber auch nur im Sommer. Wenn es richtig heiß ist.

# Ein paar abschließende Worte

Dieses Buch wurde geschrieben während der großen Hitzeperiode von April bis August 2018. Es fing schon im April und Mai recht sommerlich an, doch der Juni hatte ein paar kühle Überraschungen parat und ich schon die Befürchtung, dass es mit dem richtigen Sommer nix mehr werden würde. Ich sah mich mit den Kids bei den üblichen 20 Grad mit Nieselregen in irgendwelchen Indoor-Spielhallen oder tropischen Spaßbädern abhängen. Gott sei Dank kam es ja – wie wir alle wissen – ganz anders. Ja, meinen Worten könnt ihr entnehmen, dass mir die große Hitze trotz der großen Hitze ganz gut gefallen hat. Und ich rede nur von mir. Ich weiß, dass die Erde lieber etwas weniger schwitzen würde. Aber ich mag Sonne und hohe Temperaturen im Sommer. Wobei mir natürlich auch klar ist, dass es Menschen gibt, die das alles völlig anders sehen als ich. Und das ist völlig in Ordnung, das kann ich gut ertragen. Es gibt immer mehrere Meinungen zu einem Thema.

Das Schreiben hat Spaß gemacht. Ein Kapitel, das mir sehr gut gefällt, habe ich in einem kleinen Eiscafé geschrieben. Und während ich also lustige Sätze aufschrieb, passierte gleichzeitig schon wieder eine eigene Geschichte:

Ich saß unter einem großen Sonnenschirm und labte mich genüsslich an einem großen Erdbeerbecher mit Schokosoße, als sich so ein verqualmter Rentnerschornstein mit den Worten «Ist hier noch frei?» schnaufend an meinen Tisch setzte. Mein freundliches «Nein!» ging in seinem lauten Würfelhusten unter. Kaum saß Dr. Roth-Händle, zündete er sich auch schon eine Kippe nach der anderen an und legte die Zigarettenpackung auf den Tisch, gleich neben meinen köstlichen Erdbeerbecher! Ich streifte die

Schachtel mit meinem Blick, und sofort wurde mir kotzschlecht: Mitten auf der Schachtel war eine eklige blutige Lunge zu sehen – übersät von schwarzen, hässlichen Brandbläschen! Quer darüber prangte der fette Warntext «Rauchen verursacht Lungenkrebs!». «Aha», dachte ich, «das sind also diese Schockbilder, die vernünftige Menschen vom Rauchen abhalten sollen. Na, super. Das ist ja super abschreckend. *Ich* rauche nicht, hänge aber geschockt und mit leichtem Würgereiz über meinem Eis, während das meinem Sitznachbarn völlig egal ist.» Ungerührt quarzte der sich eine frisch geteerte Bundesstraße weg. Verkehrte Welt: Die gewünschte Abschreckung durch Schockbilder funktionierte nicht bei ihm, sondern nur bei mir, der Nichtraucherin. Aber auch in diesem Fall gilt – es muss jeder selbst wissen, was er tut.

Mein Räuchermännchen wollte zum Abschluss noch ein Selfie mit mir. Habe ich natürlich gemacht, er war aber nicht zufrieden und meinte, er sähe «ja wirklich nicht schön, ja sogar geradezu hässlich» neben mir aus. Ich riet ihm, es mit Fassung zu tragen. Vielleicht hätte ich sagen sollen: «Drucken Sie das Foto doch aus und kleben Sie es auf Ihre Zigarettenschachtel – vielleicht hören Sie ja dann auf zu rauchen!»

Aber dafür bin ich eben nicht der Typ. Ich mag es dann doch lieber etwas versöhnlicher. Klar, ab und zu mal über Trends, Kindererziehung und die Spezies Mensch ordentlich ablästern, das geht in Ordnung. Aber ich versuche immer, mich in dasselbe Boot zu setzen. Ich stehe auf Selbstreflexion. Einer meiner Lieblingssprüche ist nach wie vor: Ein jeder kehr vor seiner Tür, da hat er Dreck genug dafür. Und darum möchte ich den geneigten Lesern am Ende des Buches sagen: Fast alle Geschichten in diesem Buch haben einen wahren Kern. Sie sind mir oder anderen Leuten «fast so» oder «nicht ganz so krass, aber ähnlich» passiert. Natürlich habe ich übertrieben, Abläufe und Namen geändert. Habe Sachen, die mich an mir selbst stören, anderen in die Schuhe geschoben. In einem Buch, auf dem mein Name steht, darf ich das nämlich. Meine diversen Egos ordentlich in die Pfanne hauen. Oder hochleben lassen. Sie Dinge tun und Sachen sagen lassen, die ich mir im echten Leben verkneifen muss. Oder will. Wie auch immer, ich hoffe, ihr – die Leser – hattet genauso viel Spaß beim Lesen wie ich beim Schreiben. Es würde mich sehr freuen, wenn wir uns bei einem meiner Bühnenauftritte wiedersehen. Bis dahin passt auf euch auf und bleibt alle gesund und munter. Und speziell die Mädels – lasst euch verwöhnen und vergesst nicht, euch auch selbst gut zu behandeln. Wir werden alle älter, und das ist auch gut so. Ich jedenfalls habe nicht vor, mir den Spaß am Leben zu versauen. Das Leben ist zu kurz für ein langes Gesicht. Also gucke ich jeden Tag tapfer in den Spiegel, lächele mich an und winke mir zu. Denn was ich sehe, das gefällt mir. Mir geht's gut, auch wenn meine Brüste sich hängen lassen.

Liebe Grüße

Eure Lisa

# Danksagungen

Ein dickes Dankeschön, innige Umarmungen und jede Menge Küsschen gehen an:

meine Familie, meine Mama, meine Kinder, meine Freunde und alle guten Menschen, die mir helfen, den Alltag zu bewältigen. Die mich dabei unterstützen, meinen geliebten Beruf auszuüben und gleichzeitig eine gute, geliebte Mutter zu sein.

Till Hoheneder: The Special One. Mein Co-Autor, Trainer, Regisseur, Buddy, Motivator, Mentor, Seelsorger. Lieber Till, das Beste kommt noch!

Meine Agentur MTS: die beste Agentur der Welt.

Ihr seid die Allerallerallerbesten. Schön, dass es euch gibt. Punkt. Basta.

Das für dieses Buch verwendete Papier ist FSC®-zertifiziert.